茜さや

「フリー素材の女王」の告白

私はこうしてオーディションを勝ち抜いた

Confessions of
the Queen of
Free Images

1万年堂出版

もくじ

第2章 フリーのグラビアアイドル

第3章 コンセプトバーを立ち上げる

プロローグ

私は今、都内でカフェバーを経営している。

芸能を職業にしている女性たちが、安心して働ける場所を提供したくて立ち上げた、コンセプトバーだ。

フリーのグラビアモデルとしても、ファンの方々とイベントで交流したり、撮影で海外に行ったりして、充実した毎日を過ごしている。

今の自分があるのは、全ては高校2年の秋、クラスメイトの前で

「学校をやめます！」

「東京に行って、アイドルになります！」

と宣言して、新宿行きの夜行バスに乗り込んで、泣きながら広島をあとにした、あの日の夜から始まった。

誰かの人生を生きるのではなく、ただ、自分の人生を生きたかったから。

第1章

ウチ、東京に行く

17歳の説得

文化祭が終わったら……。そう心に決めていた。

「最後に何か伝えますか？」

先生の、寂しそうだけれど優しい声が、今でも耳に残っている。

ざわざわとした教室の中、私は席を立ち、ゆっくり前へ歩みを進めた。

今、冷静に考えると、よくあんな大人数の前で宣言できたな、と驚くけれど、覚悟が決まった人間は強い。

その日の数カ月前、私は担任の先生を呼び出した。

「東京に行きたいので、学校をやめます」

私の言葉に、先生は表情を歪《ゆが》めた。

「卒業してからでも、遅くないと思いません？」

ゆっくりと穏やかに話す先生の口元を見ながら、私は「言うと思ったよ……」とため息をついた。

ここからが勝負だ。この真面目でお固すぎる先生を、17歳は説得しないといけない。やる気、本気、元気？　そんな簡単なことではなくて、教師の役目として、生徒を止めようとしている人間を説得するのは、なかなかの根気がいると悟った。


「先生の人生ですか？」

失礼なことではあるけれど、緊張からなのか、意気込みすぎたのか、先生がどんなことを言ったかよく覚えていないけれど、先生の言葉をさえぎって、私はそんなことを口走っていた。

「私のこの後の人生を、先生は生きてくれますか？　自分の人生なので、そこは自分で決めます」

すると、先生は小さく息をついて、考え込んでしまった。今思えば本当に上京を心配してくれていたんだと思っている。当時は「分からず屋！」と心の中で叫んでいたけれど……。絶対に先生を納得させせないといけなかったのには理由があった。

第一関門だった親を説得するために、私は学校生活の他にアルバイトを頑張って、まず、上京するための資金30万円を貯めた。「たったの30万」と思われるかもしれないが、当時の私にとってはとても大きなお金だった。親を納得させるには、この方法が一番だと思った。

何かの本気を伝えるときは、言葉よりも行動だと思っている。逆をいえば、行動を起こせなければ本気ではないことが多いと感じる。本当は中学生の頃から叶えたかった上京。

死ぬ気の努力で親を納得させることができたのだから、ここで先生の説得に失敗するわけにはいかなかった。

あの日、教室で語った夢。そこにいた9割の子は、そんなもの叶わないと思っていたと思う。あとから話を聞いても、「正直難しいと思った」と言われたこともある。

結局、「人にどう思われるか？」ではなく、「自分自身がのちのち後悔しないか？」だと思うし、誰も自分の人生を歩んでなんてくれない。それに、体力、メンタル、頭のよしあし、思考回路やコミュニケーション能力、そして運も、全く自分と同じ人間なんて、いるわけがない。

ただ1回の人生、自分を使ってデータを取ることはできないし、答え合わせもできないのだ。誰か別の人間が歩んだ道を参考にしていたら、叶えられるかもしれない夢は、死んでいってしまう。

本気を伝えるなら、言葉よりも行動

キリッ
説得が大変だった…
いろいろ話し合ってくれた。
my teacher.

幸せなカゾク

あるとき、夜中に親がけんかをしていた。親のけんかをあまり見たことがなかった私は、とても動揺した。

もっと小さい頃、曖昧な記憶だけれど、母が泣いていたのを覚えている。悲しかったのか、痛かったのか、悔しかったのか。そのとき初めて、〝大人も泣くんだ〟と強い衝撃を受けた。

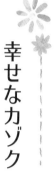

2人の激しいけんかは、日に日にひどくなる。それは、ある程度の方程式を解けるようになっていた年頃の私にも、かなりつらいものだった。

もともと、うちの家系は親も仲がよく、きょうだい3人も仲良しで、愛犬も家族の一員。絵に描いたような、ハッピーな家庭だと思っていた。家族で旅行に行ったり、母の実家がある静岡へ子どもだけで新幹線で送りだしてもらったり、祖父がバスを改造したキャンピングカーに家族5人で寝たりもした。

きっと家計も大変だったと思うけれど、たくさんの景色を見せてもらった。子どもの頃と大人になってからとでは、おんなじ景色を見ても映り方は別物だと思っているので、とても感謝している。おかげで会話のレパートリーも増えたし、今でも旅行が大好きだ。

そんな幸せな時間を過ごさせてもらっていたからこそ、その裏で、本当はこんなに見たくない光景が広がっていたんだ、それが目に入ると、こんなにも痛いんだと気づかされた。

大袈裟だと思うかもしれないけれど、私は家族というものに対して、とても重きを置いている。

以前、家族LINEから父がけんかで抜けてしまったことがあった。そのとき、私は子どもみたいに泣いてしまった。たまたま父が家にいた日で、とても心配されたけれど、「大丈夫か？　誰かに何かされたか？」と繰り返す父に、〝あなたが原因だよ！〟と、心の中で叫んだ覚えがある。

家族はずっと一緒にいて、みんなが幸せで、みんなが仲がよいのが当たり前、と昔から信じていたし、そうなりたかったんだと思う。

今でも家族コンプレックスがあって、幸せな家族を見ると少し苦しく、うらやましく思ってしまうときがある。

もちろん、両親も人と人だから絶対なんてないわけで、母には母の、やわらかくて優しくて、真面目で穏やかなよさがあり、父には父の、好奇心旺盛で行動力があって、人を動かせるよさがある。ただ、時間が経つ中で、お互い合わないところが生まれただけで、両親共に子ども3人を愛しているという事実だけは変わらなかったし、今も変わっていない。

その出来事から強く知らされたのは、「目に見えているものが100パーセントじゃないんだな」ということだった。

気づかなければよかったことに気づいてしまった。

当たり前。

信じてやまない。

そんな常識や景色や日常は、一瞬で形が変わるんだと気づいた。

何かを隠したかった誰かの気が変わって、隠していたものが見えるようになってしまった瞬間に、自分の世界や思い込みも消えてしまうなんて、恐ろしい。

世の中の仕組みに呼応していくことも、正解なのか分からない不確かなもので、それならば型にはまらずに、自分の考えで生きていこうと思った。

目に見えているもの、
信じていた日常は、
一瞬で変わる

それからは、物事を決めるとき、何かを選択するとき、自分にとって、つまらないか、つまらなくないかで決めるようにした。

学校の授業は、そこにいる何人かにとっては有意義だったかもしれないけれど、自分にとってはつまらなかった。つまらないことに、たったの一日も使いたくなかった。みんなにとっては大事でも、自分にとっては、つまらない。そういうことを、自分の中で決めておくことが大事だと思う。

今の仕事も、つまらないか、つまらなくないか、で決めていることも多い。

「何だそれ？」と思われるかもしれないけれど、愛があるならいいと思うし、それくらいの気持ちのほうが、仕事に愛が生まれると思う。

人がどう思うかではなくて、自分にとって、価値があるかどうかで決める。その価値は、人それぞれでいいと思う。

最近になって、学校に通うこと、職場に行って仕事をすること、そういう常識が疑問視され始めてきたけれど、やっとだと思う。世の中の正解は、自分にとって正解か分からない。たとえ間違っていたとしても、自分なりの正解を探しだしておくといい。

冷静に考えてみたら、「あれ？　この仕事、自分は好きじゃなかった」ということが、もしかしたらあるかもしれない。

正解や当たり前を作りだした人が本当に正しいかなんて、分からない。ある日、それが「嘘でした」「違いました」「だましていました」「陰謀でした」なんて言われても、打ちのめされてしまわないように、今までの全てが壊されてしまったと落ち込まないように、「何となく信じる」とか「決まりだから」とかではなくて、「楽しそう」「つまらなくない」「信じたい」という自分の思いで、しっかり向き合っていきたい。

世の中の正解は、自分にとって
正解でないかもしれない

高すぎる制服

思春期の真っただ中に、ふつふつと沸き上がっていた感情は、「本当は何をしたいのか?」ということ。今も、よく自分と答え合わせをすることが多い。

日々忙しくて、目まぐるしいと見えなくなってしまう課題で、「向き合う時間なんてない」と、ないがしろにされやすいけれど、これは生きていくうえで、とても大事なことだと思う。

何がしたいのか分からないまま、ただ生きるために目の前のタスクをこなして、何となく生きてしまっていると、心にSOSのサインが現れる。

そのSOSに気づくことができればいいけれど、気づけないでいると、少しずつ心が壊れていってしまう。そして、本当にしたかったことに使える時間が減ってしまう。

だからできるだけ早く、独り静かなところで、本を閉じて、自分は本当は何がしたいのか、自問自答してみてほしい。

「仕事で実績をあげて認められたい」
「幸せな家庭を築いて笑顔のあふれる場所を作りたい」
「子どもの頃からの夢を、やっぱり叶えてみたい」
「お金はそこまでなくていいから旅に出て、いろんな友達を作りたい」
「日本を飛び出して素晴らしい景色を見たい」

どんなにしたいことでも、些細なことでも、少しだけ心に耳を傾けてみると、「それをなぜ自分がしたいのか？」につながっていって、違う世界が見えてくると思う。
中学校は、特待生で入った私立中学へ通っていた。自転車と電車と歩きで通学に片道1時間半以上かかった。授業は0時間目から8時間目まであり、飴のゴミが落ちていただけで全体集会、スカートが短いと反省文、少しでも成績が下がると廊下ですれ違う女性の副校長に怖い顔で「勉強は小学生までですか？」と嫌味を言われる。宿題で一言日記みたいなものを書かされていたけれど、毎日、大人に対する抗議や疑問を書いていたと思う。担任の先生も困っただろうな（笑）。それくらい、過酷で勉強漬けの中学生活だった。

もともと私立に行ったのも、国公立の大学を受験しようとしていたからで、中学から東京に出させてもらえないなら、せめて国公立へ行って、父と同じ建築士になろうと思っていた。心にたっぷり嘘をつきながら。

毎日、朝早くに高すぎる制服を着て、まだ明るくならない中、自転車を走らせた。学校に行けば順位表が目に入って、成績1位の子があからさまに可愛いがられる授業もあった。私はなぜかだいたい窓側の席で、外を眺めているとよく怒られた。日々同じことが繰り返される中で、「本当は何をしたいのか？」と自問自答する時間が増えていった。センター試験の内容まで進んでいる授業もあり、ついていけなくてしんどくもなった。

「こんなに勉強をして、大学へ行って、本当に建築士になりたいのか」

「建築士になるという夢は本物なのか？」

「今、本当にしたいことって何なのか」


授業中に外を見ながらよく考えていた気がする。

こんな知識で頭をいっぱいにするよりも、世の中の仕組みを、まだ自分の知らない世界を今すぐ感じたい。知りたい。

この狭い街で起こっていること以外のほうが、はるかに大きいと思うし、それをあと数年も知らずにここにいなきゃいけないのは嫌だ！

子どもながらにそう感じた。

いや子どもではあるけれど、当時は自分のことをもう大人だと思っていた。

今思うと、子どもという期間は長いほうがいい。自由で、好奇心旺盛で、子どもだからで許されることも多い。そんな期間がどれだけ最強だったか、当時は気づいていなかった。

そんな感情に動かされて、「高校からは東京に行きたい！」と再び親に言ってみたが、当然反対された。

「中学は我慢したんだから、高校からはいいでしょ！」

そんな心境だった。

反対されても、反対されても、当時の私はかたくなだった。けれどやはり、東京へ行くのは許されなかった。

そこで私は、第一段階の準備として、親が言う「お金がかかる」という理由だけでもクリアすることにした。

今いる学校だと、バイトが見つかってしまうと退学処分になってしまうので、少し緩めの高校を受験し直して、お金を貯めることにした。

同じことが繰り返されるだけの日々になってない？

帰りは真っ暗だから携帯がないと危ない!!
in
水筒
水筒の中にガラケーを入れていた。

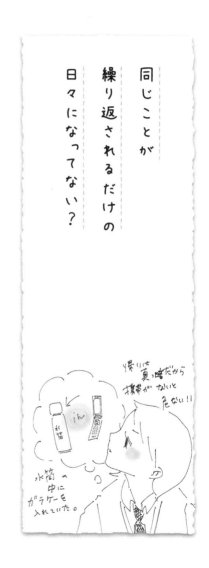

女の子が苦手な理由

中学生の頃は、まだ精神的にも弱く、心ない言葉に敏感だった。

この本を書くに当たって、大まかな概要を提出したとき、担当の方に「茜さんはHSP（ハイリー・センシティブ・パーソン＝ひといちばい敏感な人）ではないですか？」と言われた。確かに、昔から人の感情にとても敏感で、いろいろと気にしてしまったり、気づいてしまったりする性格だった。今は昔よりは落ち着いているけれど、それでもつらくなってしまうことがある。

「あの人は今悲しんでいる」「今、彼が言った言葉に対して彼女は少し怒ってしまっている」「彼は今あれを意識しているから、きっとこれがしたいのだろう」「もしかして、怒らせてしまったかな？」「もしかして嫌われてないかな？」「目が泳いだから嘘かな……」など、余計な情報が多かった。

当時はそれも影響して、気を遣いすぎて、心が疲れてしまっていた。

そこに追い討ちをかけたのが、生まれて初めて言われた悪口だった。

「悪口なんて幼稚だな」「それくらいのこと？」と思うかもしれないけれど、人からの悪意や嫌われているという感情に慣れていなかった私には、ひどく心にくるものだった。

私が通っていた私立中学は、特進クラス（Ｓクラス）と普通クラスに分かれていて、私は唯一地元の小学校からＳクラスに入れた。人間は、種類分けされるとぶつかる傾向にあると私は思っている。ハリー・ポッターのグリフィンドールとスリザリン、現実でもベジタリアンやフェミニスト（ＳＮＳ上だけかもしれないけれど、巻き込まれたときは怖かった）など。

中学時代もそういうものがあって、Ｓクラスの子を妬み、嫌味を言ってくる子たちがいた。その中で、同じ小学校出身だった女の子が、私にターゲットを絞り、攻撃してきたのだ。今も少し女の子が苦手なのは（仲良くなるまで怖い）、ここでしっかりトラウマを植えつけられてしまったからだと思っている。

彼女は普通クラスの中のイケイケグループに属していた。

「あの子は小学生の頃、性格が悪くて嫌われてたよ」

そんな嘘を言って回ったり、後ろから聞こえるように体型のことを言われたりするようになった。毎日普通クラスの子とすれ違うのが怖かったし、友達がたくさんいて楽しかった小学校生活を塗り替えられて、けなされて、彼女たちの世界の中で汚いものにされているのがとても嫌だった。

でも、私の周りにいてくれている友達が揃って、「あんなの信じないよ。私たちはさやちゃんを信じてる」と言って、守ってくれた。

私がいたグループはみんな明るくて前向きだったので、たくさん救われたし、今も感謝している。私たちのグループがターゲットにされることがあっても、一番明るい子が「自分のことも見なよ！　勘違い！」と言い返すのを見て、「強いな。ああなりたいなぁ」と心強く思った。

悪口のことは、最初は家族に言いだせなかった。私の様子がおかしいのを見て母が、

「大丈夫？　何かあったでしょ」と声をかけてくれたので、何日かたってから泣きながら打ち明けた。母はしっかり向き合ってくれて、「かわいそうだねぇ、悪口を言ってしまう子は」と言ってくれた。

家が安心できる場所だったが、タイミングが悪いことに、その頃から両親のけんかが増えていった。夜中まで机に向かっていると、２人がけんかしている声が聞こえてくる。耐え切れず、「うるさい！　もうやめてよ！　寝られない！　やめてくれないなら私が出て行く！」と家を飛び出したこともあった。

眠れないこと、うるさいことが嫌だったわけじゃなくて、仲がいいと思っていた両親が、お互いにけなし合っているのを見るのが耐えられなかった。

そしてある日、学校へ行けなくなった。

元のウチに戻してね

頭が痛い。体調が悪い。学校へ行きたくない。でも休むと悪いことをしているようで、それでまたしんどくなった。

「どうしたの？」「待ってるよ！」「大丈夫！」

友達の励ましも嬉しいけれど、プレッシャーで、どうにもこうにもいかなくなってしまった。何のやる気も起きないし、いろいろなことに対してマイナス思考になった。なかなか寝られないし、急に泣きたくなることもあった。母はとても心配して病院に連れて行ってくれた。そこで出た診断結果は「鬱《うつ》病」だった。驚いた、という感情は、なかった気がする。ただただ、もらった薬に対して、「お願いね。元のウチに戻してね」と願いながらのんでいた。

家にいることが増え、そのときに、ＹＵＩというアーティストに出会った。ＹＵＩさんの音楽や人間性の魅力に惹かれて、独り曲を聴きあさった。学校に行ける日も、ＭＰ３に入れたＹＵＩさんの声と歌詞と一緒だった。家でも母の車でもカラオケでも、いつもいつも聴いて歌っていた。

「泣き疲れてたんだ 問いかける場所もなく
迷いながら つまずいても 立ち止まれない ～中略～
いつも単純なほど 苦しんで　生きてゆく意味を知りたいから」
（ＹＵＩ「feel my soul」）

「叶えるために　生きてるんだって　叫びたくなるよ　聞こえていますか？
無難になんて　やってられないから～中略～
この想いを　消してしまうには　まだ人生長いでしょ？」
（ＹＵＩ「again」）

多感で、思春期で、「夢って？」「人生って？」「何で人は争うの？」みたいなことを考えていた自分の感情を映し出してくれていて、「みんな苦しみながらも生きているんだ」と教えられた気がした。

「もう我慢ばっかしてらんないよ　言いたいことは言わなくちゃ～中略～
転んじゃったって　いいんじゃないの　そんときは笑ってあげる」
（ＹＵＩ「Rolling star」）

歌詞で勇気づけられ、泣いて、新しいことに挑戦しようと前向きになれて、また泣いた。ＹＵＩさんのようにギターが弾けるようになりたくて、父にお古のギターをもらって始めたし、服装も真似した。崇拝していたんだと思う。

日々気づいたことや思ったこと、些細な感情を詩にした。書くことで気持ちの整理もできるし、何かを作りだしているという感覚が嬉しかった。

夕暮れの中、散歩しながらＹＵＩさんの透き通る声と強い歌詞と、何ともいえない大好きなメロディーコードを繰り返し聴いていると、自然と元気に、前向きになっていった。

今は「頑張れ！」「前向き！」「胸張れ！」みたいな歌詞も好きだけれど、当時の私は「人は弱いよ。でも頑張ろうよ」「大丈夫。夢は叶うよ」、そんな歌詞にとても救われていた。通院はしていたけれど、先生が暗くて声が小さくて、「先生が鬱じゃないのかな？　こんな感じで人の鬱を治せるのかな？」と思ってしまい、病院に行かなくなってしまった。

薬が音楽に変わって、趣味も増えて、毎日が楽しくなった。

こんなふうに誰かを勇気づけたいし、少しでも前向きにできたら嬉しい。

声や存在だけで人を救える仕事がしたい。私が本気で「芸能の仕事がしたい」と思えたのはＹＵＩさんのおかげだと思う。

YUIさんの
曲を
文化祭で
弾き語りをした
(緊張でピックが
飛んだ)

セクハラおじさん

人生で初めてのアルバイトは、お好み焼き屋さんだった。関西にあるチェーン店で、そのフランチャイズが福山にもあった。緊張した面接も無事受かって、学校帰りに働かせてもらうことになった。

小学校が同じだった友達がいて、ヤンチャだけどすごく美人でかっこよくて大好きな商業高校の先輩もいた。怖くて嫌味な美人主婦もいたけれど、同じ高校の友達もあとから入ってきて、何だかんだいって楽しくやっていた。

少しずつ仕事を覚えてきた頃、あることが起こった。

怖くて苦手だった姉さん（美人主婦の方）が、店長にお好み焼きをひっくり返す用のヘラでたたかれて何針か縫ったという事件だった。

私は現場にはいなかったけれど、とてもゾッとした。物で人をたたくなんて。ましてや鋭利だし、仕事道具でもある物で従業員をたたくとは……。

普段からスタッフに対する態度には目に余るものがあった。「食べログ」には、「店長の怒鳴り声が聞こえていい気持ちで食べられない」「店員がかわいそう」「店長がうるさい」などと書き込みをされていた。まだアルバイトを始めて日は浅かったけれど、嫌な予感がした。


それからあまり日が経たないうちに、お好み焼きを焼く研修があった。私は早く焼き方を習得したかったので、朝から楽しみだった。

「ちゃんと教えてあげんとな」と言った店長は、私の背後に回って後ろから手を包み込みながら指導した。気持ち悪くて吐き気がしたし、「奥さんも同じお店で働いているのに……」とショックを隠せなかった。

その日から、店長の暴言が増えていった。「バカ」「死ね」「帰れ」と言われることが日常茶飯事になっていた。バイトが初めての私は、それが当たり前とまではいかないけれど、「よくあることなのかも」と思っていた。

「帰れ！」と言われても、30万貯めないといけないからと、「帰りません!!」と言い返していた。ときには裏で泣きながら、強くなっていった。

その店を辞める決心がついた頃には、お好み焼きを載せて運ぶシルバーのお皿がフライングディスクみたいに飛んできても、「ガシャン！」という音と共に毎回うまくよけている自分がいた。ここで身についたことなんて、お皿をよける能力くらいだと、カッコよくて大好きだった商業高校の先輩から言われた。

「今日は私がおごるから気にせんで！　次はさやが後輩にしてあげるんよ！」

先輩から教わったマインドはとても大きかったけれど、お皿をよける能力は、その後まだ発揮できていない。

次のバイト先はみんな優しくて楽しかった。そこでも怖いおばちゃんはいたけれど、ちゃんと話していく中で仲良くなって、内緒で塩おにぎりを握ってくれたりした。そんなこともあって、たくさんシフトも入り、ついに目標の30万を達成できた。

広島を出る前に、バイトって楽しいこともあるんだな、と知ることができてよかった。思い出の8割は大変なことだったけれど、やっぱり目標があると、そんなことが気にならないくらい頑張れるし、つらくはなかった。


もしまだ夢や目標がない人は、まず、具体的な貯金額の目標を作ってみるといいかもしれない。何事も多少はお金が必要になるので、夢や目標が定まったときの、未来の自分への手助けに、きっとなってくれると思う。

「好きなことが見つからないときは、とりあえずお金を稼ぐんですよ」と蛭子能収《えびすよしかず》さんが日めくりカレンダー『生きるのが楽になる まいにち蛭子さん』(PARCO出版)で言っていて、何回もうなずいたのを覚えている。資金力があればスタートダッシュがとても速くなると思う。

ちなみに、東京に出てきてから始めたバイトは有名チェーン店のファミレスだったけれど、店長がここもセクハラおじさんだった。

どうしてもセクハラが許せない私は、「女の子たちが困っています」と交渉しに行った。気に食わなかったのか、次の日から私に対する風当たりが強くなり、ある日、私のミスではないのに「帰れ！」と言われた。その瞬間、ふっと、お好み焼き屋のあの日のことがフラッシュバックして、気がつけば「帰ります」と口が動いていた。店長の拍子抜けした顔を、今でも覚えている。

心から嫌なことがあったなら、耐え忍ぶよりやめてしまっていい。それが本当にやりたいことであれば、耐える必要や価値があるかもしれないけれど、アルバイトでストレスをためていたら、夢への道が遠のいてしまう。耐えるなら、やりたいことか、やりたいことと直結していることだけで十分だと思う。

忍耐も時間もキャパも、全て有限だから。

耐えるなら、
やりたいことか、
夢と直結していること
だけでいい

ロマンとソロバン

夢があることはとても素晴らしいことで、それが生きるうえで強みになると思っている。小さいことでは悩まなくなるし、夢に向かってまっすぐ人生の設計図を描きやすい。だけど、それがただの夢物語だったり、現実的じゃなかったりすることがある。そうなると、それはただのロマンで、なかなか叶いづらいし、叶ったとしても長くは続かない。

大切なのは「ソロバン」の部分で、夢物語の中にも、ちゃんと定規と計算をちりばめれば、ロマンが確実なものになって、長続きする。

芸能関係の仕事はとてもとても不安定で、「売れるならギャラはこれくらいでいいです！」みたいなことを言っていては、生活なんてできない。

舞台女優の友人は、稽古期間はもちろん給料は出ないし、舞台が始まるとチケットノルマが発生する。4000円のチケット15枚＝6万円分のプレッシャーがメンタルに乗る。売ってしまえばそこからはチケットバックという形で利益になるけれど、それでも1枚プラスで売るごとに500〜1000円。だから、稽古の日数や交通費を考えると収支はマイナスになってしまう。

私もアイドルグループをしていたときは、収入は「チェキ（インスタントカメラ）の撮影料金の30パーセント＋交通費」だったので、それだけでは生活できなかった。交通費は精算されるだけなので利益にはならない。一日中働いて、たった600〜6000円のお給料だ。

アーティスト活動のときはもっとひどくて、自分がどれだけチェキの売り数が多くても、一番CDを売っていても、メンバー4人できれいに割っていたので、これっぽっちにもならなかった。交通費や時間を考えると利益はゼロ。ただただチェキをたくさん売って、そのお金を取られてしまう、その繰り返しだと思った。

「芸能事だからお金じゃないんだ！」「気持ちなんだ！」という方もいるかもしれないけれど、利益がないと、日々の生活が成り立たない。

成り立たなければバイトに明け暮れ、大切な時間が削られてしまう。

前向きで疑わない子ほど、最悪な場合、自分で数万円払って宣材（宣伝のための写真）を撮らされたり、「事務所に所属するためにお金がかかるから」とかレッスン代だとか言われたりして悪い人たちにだまされてしまう。そうやって、東京に出てきたばかりの子がつらい思いをしているのをたくさん見てきた。

ただ「夢がある！」「ここがステージ！」「売れるぞ！」「頑張る！」とやっていくのではなく、入るお金と出るお金をちゃんと計算して、そこから得られるものは何なのか、何につながるのか、時給換算したらいくらになるのか、など、ビジネスとしての部分を考えてみたほうがいいと思う。

それは芸能界でなくても、元締めがいて、自分はどのような立ち位置で、どのようなことが求められていて、お金がそこから何パーセント持っていかれているのかと観察してみると、夢を追っている中でも、一つの商業がどのように成り立っているのか、ソロバンの部分に気づけることもある。

撮影会を例に出してみると、撮影会は大きなスタジオに、たくさんのモデルさんがそれぞれの背景に配置される。そこに誰かを指名で来たお客さんが、お目当ての子プラスアルファで、いろんな子を撮影する。

料金は1時間いくらというシステムなので、1時間6000円だとしたら、スタジオに10人お客さんが来れば1時間6万円の売り上げになる。8時間あるとしたら1日で合計48万円。ここから少ない子は1日で1～2万円しかお給料としてもらえない。モデルさんが8人いたとしたら8～16万円。そうすると、少なくとも32万円が運営側に残る。

もちろん、もっとたくさんもらっている子もいるので大まかな計算にはなってしまうけれど、そこからスタジオ代、スタッフさん代等を引いていくと、そのビジネスの利益が分かる。いつもそんなことを頭に浮かべていた。

そうなると、このビジネスは自分でできてしまうし、手間賃を考えなければこれくらいの利益は出せる。ある程度の事務所規模なら、自分でできてしまうことにも気づいた。

今、ありがたいことに、芸能活動だけでも一応は食べていけているけれど、芸能以外にも起業して、小さいけれど事業を進めているのは、年齢や体力、社会貢献の面で、もう一つ、ロマンではなくソロバンの部分をもっていたいから。

バランスよく成り立たせるのは至難の業《わざ》ではあるけれど、やりながら微調整して、目指すものの糧にできたらいいなと思っている。強い軸ができて、それが夢への手助けをしてくれると思う。

叶えたい夢にはしっかりと、
定規とソロバンを当ててほしい

妹の武勇伝

私が上京するとき、当時中学生だった妹も私についてきた。

東京へ来てからは妹と2人暮らし。だから、妹との時間がとても増えた。

妹の中学は家から二、三十分の所にあった。朝一緒についていって校門まで送ることもあった。学校へ行くのを嫌がった妹に、行くのが楽しくなるように、ウサギやネコなどの可愛いキャラ弁を、朝6時に起きて頑張って作った。なるべく栄養のバランスが取れていて、しかも食べるのが楽しみになるお弁当を。このとき、お母さんって大変なんだなぁ、と改めて思えた。

授業参観日にも行った。年が4つしか離れていないので、「お母さんのはずはないし、あれは誰なんだろう……?」という目で見られた。大人からすると、子どもが子どもを観に来ている感覚らしく、「お姉さん？　偉いね〜」と言われ、少し照れくさかった。うちは3人きょうだいだったため、小学生の頃、母は3学年を回っていた。そのため、1人の授業を観られる時間は限られていた。参観の日、後ろを振り返ると母がいてくれるのが、特別に嬉しかった。次に振り返ったとき、もういないのは当たり前。分かっていても、やっぱり寂しかった。だから、どんな形でも、妹の参観日は参加したかった。

参観が終わったあとは、妹が嬉しそうに寄ってきて、周りの友達も「お姉ちゃん？」と話しかけてくれて人だかりができた。楽しそうな妹を見ると安心したし、やっぱり参観日っていいな、とときを超えて思えた。昔の記憶はいつまでも自分の中に、色濃く、だけど変化しながら残っていく。親を独り占めできる独りっ子の友達をうらやましく思ったこともあったけれど、その子はその子でまた別の「うらやましい」や孤独を感じていたのかもしれないと、今では思える。

そんな妹はかなりヤンチャで、私とは性格が正反対だね、と言われていた。ふわふわした姉と切れ味が鋭い妹。妹は何度か警察に補導された。

署に行くと、「また妹さんが……」と困った顔をされたが、大らかな警察官の方は、妹とまるで友達みたいになっていた。仕事中に電話がかかってきたときは、「今仕事中なので勝手に釈放してください」と伝えたこともある。


ある日、妹が学校から帰ってくるなり、荷物を下ろしながら言った。

「ちょっとムカつくからタイマンしてくる」

一瞬耳を疑った。いつの時代を生きているのか……？　たぶん生まれてくる時代を間違えたんだなぁと思った。事情を聞くと、相手側が嘘をでっち上げて、周りに言いふらしていると言うのだ。

「タイマン？　女の子相手じゃろ？　話し合いで何とかならんの？」

妹は静かに
「ならん」

と答えて、スカートの下にジャージをはき始めた。

「怪我はさせんでね」とは言ったものの、一体全体そんな漫画みたいな光景が、どんなふうに繰り広げられるのか、全く想像がつかなかった。

他のヤンチャエピソードはきつすぎて、ここでは控えさせていただきたい。正々堂々とタイマンはあったけれど、一方的に人を傷つけることはしてはいなかった。今思うと、本当に更生してくれてよかった。

当時はエミネムやAK-69のヒップホップが流行っていて、妹の友達が、バイクで爆音で流しながらうちのアパートにやってきた。部屋の壁も薄いし、そこまで都会ではなかったので、うるさくて近所迷惑だった。

「うるさいけぇさ、追いだされるけ、ちょっとバイクはやめてくれん?」

丸く断ると、その数日後からは、家に近づくとエンジンを切って、バイクを押しながらやってきた。

部屋でタバコを吸っていたこともあったが、タバコが大嫌いな私が戻ると「お姉ちゃんが帰ってきた！　みんな消せ！」とお金がない中で買っているタバコを消してくれた。このとき、みんな成人していたのか、年齢は把握してなかった。

見た目は強面《こわもて》だし周りから見たら迷惑な集団かもしれないけれど、ちゃんと向き合って話せばいい子たちだった。家庭に問題があって家に居場所がなかったり、家で暴力を振るわれていたりする子が多くて、何だか胸が痛かった。

だから、野菜炒めやカレーを振る舞うなどして、部屋から追い出すこともせずに温かく見守った。

みんなどこか欠けていて、そこを埋めようと、埋めてくれるものを見つけるために、必死にもがいて、あがいている時期なんだろうな。それなのに、ちゃんと人には優しくて、何だか可愛いなと思った。

「だから」解決法

　ここまでも、乗り越えなきゃいけない試練はいろいろあったけれど、当初の目標であった「上京する」という目標は達成した。

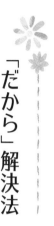

　振り返って今思うのは、その想いが強ければ強いほど、言い訳や、できない理由は生まれてこないということ。
「親に反対されるからできない」ではなくて、親に反対される、だからお金を自分で用意して再度、思いの強さを伝え、交渉してみる。
「カフェを開きたいけれどお金も知識もないからできない」ではなくて、だからクラウドファンディングで出資者を募りお金を集め、経験者も雇う。
　そんなふうに、相手が反対する理由や自分が動けないでいる理由を、1つ1つ「だから」をつけ加えて問題解決策を用意してみるといい。

そうすると、相手を説得する材料になるし、夢の実現にもつながる。

「誰かに否定されたから」「こう思われるかもしれないから」で気持ちや行動がストップしているのであれば、それは自分の人生を生きていないと思う。

誰かがこうであってほしいと思っている〝普通のあなた〟の人生をなぞっておさまっているだけだと思う。

そんなことをしている時間は1秒もないのだから、今抱えている問題や悩みの解決策を今すぐ見つめ直してほしい。

それがもし誰か別の人のせいであるならば、「その人のために夢や目標を諦《あきら》められるか?」をいったん考えてみるといいかもしれない。

できない理由には、「だから」をつけて解決策を考える

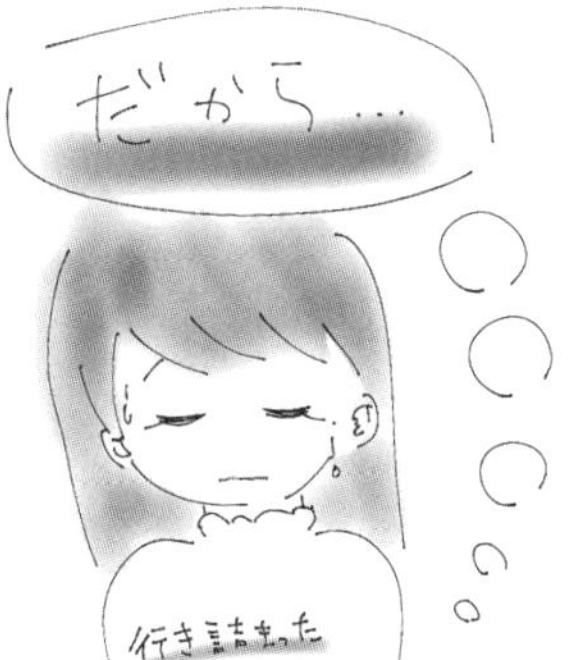

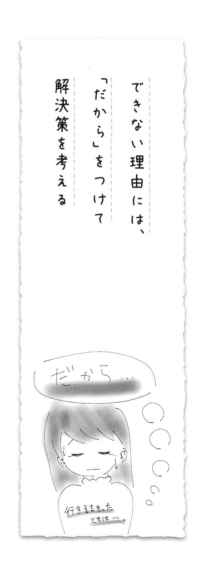

第2章

フリーのグラビアアイドル

殴れるなら殴れ

上京したての頃、芸能事務所に登録して、バリ島のホテルのイメージガールをしていたことがある。

最初は円滑に仕事をこなしていたけれど、私があるミスコンに受かったとたん、その事務所の社長が「おまえは登録ではなく、所属だ」と言いだした。これには、大いにもめた。

私は契約書を引っ張りだしてきて、「登録という形で契約しています」と説明しても、強引に押せば私が引き下がると思ったのか、大声で責めたてられた。銀座の3丁目の真ん中で、一方的に暴言を吐かれて、「この人は社長として大丈夫かな」「絶対に引き下がれない」と思った。

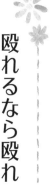

「芸能界から消すぞ！　潰すぞ！　芽を摘んでやる！」と言われたときは、「いやいや……、まだ芽も出てないです」とあきれてしまった。「殴りたくなった」とも言われたので、「殴れるなら殴ってください」と言い返した。その奥様も怖い人で、社長の後ろで一緒に怒号を上げていた。

大人2人に対して冷静に対処できた当時の自分を、今はほめてやりたい。

人間は怒ったときや窮地に立ったとき、感情的になったときに本性を現す。そして、それを垣間見てしまった瞬間、いつも何かが自分の中で萎《な》えてしまう。相手のそんなところも愛せたり、許せたりするのがちゃんと築き上げられた関係性なのだろうけれど、そこまで行き着くには、それなりの時間か、もしくは人間力が必要とされるな、と思ってしまう。

その日、萎《な》えてしまった何かを取り戻せるはずもなく、結局、登録もやめてしまい、その事務所を離れた。

「芸能界の仕事がなくなるぞ！」と脅されたけれど、あの言葉は何だったのか、やめたあともちゃんと仕事は入ってきた。

口で脅してくる人は、だいたいはその後、何もできない人が多い。何もできないから、脅す外に、人を思いどおりに動かすことができないのだろう。

どちらにせよ、汚い言葉を浴びせてきたり、約束を守らなかったりして、相手を雑に扱う人とは、つき合わないことが大事だと思う。

自分を少しでも大切にしてくれる人とだけ、時間を共にしていけばいい。そうすれば、自分を大切にしてくれる人だけが周りに残る。その人たちのことを自分も大切にしていけるし、いい環境も整ってくる。それを脅かしたり、邪魔したりする人は、容赦なく拒否したほうがいいし、優しさを向けてくれない人には、こちらも優しさを向けなくてもいいと思っている。

この出来事が、私を完全なフリーランスにさせたと思っている。

芸能事務所に入りたいと思っている人は、一つ知っておいてほしいことがある。事務所は絶対的に仕事を与えてくれるところではないので、そこに全てを期待してしまっては失敗してしまう。

私の周りで悩んでいる子たちは、仕事も与えてくれないのに、宣材写真のために逆にお金を請求されたり、撮影会ばかりで60～80パーセントものギャラを持っていかれたりしている。事務所として機能していないところも多い。そこを、入る前に見極めるのは難しいし、入ってしまってもめると時間もメンタルももったいない。だから私はフリーを選択し続けている。

自分を大切にしてくれる人、
優しさを向けてくれる人と
時間を共にしたい

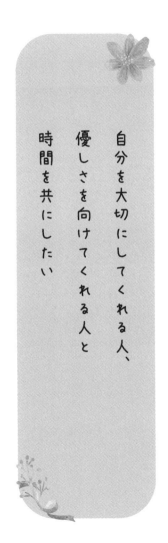

ミスヤングチャンピオン

芸能活動をしてきた中で、大きなターニングポイントとなった挑戦がある。

ある日、夜中に見ていたオーディションサイトで「ミスヤングチャンピオン（ヤンチャン）」の募集を見つけ、何となく「これだ！」と思って応募してみた。すると、次々と選考を勝ち進んで、セミファイナルまで残った。

直感どおりに動くと、いい方向にいくことが多い。人間には第六感があるというけれど、それなのかな？といつも不思議に思っている。

セミファイナルまで残ると、「ここまで来たら、絶対に残りたい」という気持ちが芽生えてきた。それからは、ファイナリストになるために戦略を練っては反省会をしていった。

まず、選考に残ったメンバー全員のSNSをリストに入れて、フォロワーの増え方のデータを取った。どのような投稿やアピールをしている子が伸びているのか、支持されているのか。「そこまでやるなんて怖い」と思われるかもしれないけれど、サバイバル中は、毎日データをチェックしてグラフにしていた。こういうところは男性的だなと自分で思う。

気持ちの部分では、名前も知らないけれど、私を応援してくださる方たちが少しでもいることが嬉しくて、もっと自分のことを知ってほしいと思った。

推してくれなくても名前だけでも覚えてほしいと、自分の名刺にミルキーのキャンディーをつけて配った。他の子とは何か違うことをして、名前を覚えてもらうことに努めているうちに、だんだんと応援してくださる方が増えていった。そして、選考の途中結果は、最低でも5位以内に入るようになっていった。

「これは頑張りたい！」というものがあったら、全てをそれに振り切れるのは自分の中で好きなところの一つで、だからこそ自分の行動が中途半端なときは、「ああ、これに対しての気持ちって、それくらいなんだ」と気づくバロメーターにもなっている。

このヤンチャンの結果は、ファイナリストになることができた。ユニットにも所属して、日本最大のアイドルフェス・ＴＩＦ（TOKYO IDOL FESTIVAL）や、赤坂ＢＬＩＴＺ、Ｚｅｐｐダイバーシティなどの大きなステージにも立つことができた。

そこまで連れて行ってくれたファンの方々には本当に感謝しているし、人生の中で貴重な経験になったと思う。ここでヤンチャンを受けたことによって、次の仕事にもつながった。

大変で、苦しくはあったけれど、芸能活動を本格的にスタートできた、大事な挑戦だった。

ダーツのミスコン

次に受けた大きなミス・コンテストは、「ライブクイーン」というもので、ダーツライブが運営しているダーツ好きな子が応募できるミスコンだ。

私は10代からダーツをしていた。バイト先の店長さんが店に一式揃えて、「みんなでしよう！」と始めたのがきっかけだった。

その店長さんがいなければ、ダーツもしていなかったと思うし、もちろんミスコンにも出られなかったので、あとでお会いしたときに「ダーツを教えてくれてありがとうございました」とお伝えした。

このミスコンには、ダーツ仲間から応募を勧められた。自分の中では、色が違いすぎて受からないと思っていたので、自信がないと断った。

「それでも、受けるだけなら別に何も変わらないでしょ」と説得され、応募したところ、最終選考まで残ることができた。

ダーツは唯一、習い事ではないのに長く続けていたもので、たくさんの方に知ってもらいたいと思うスポーツだった。コンテストの活動では、ダーツの好きなところやダーツの魅力を、できるだけ多くの人に直接会って伝えようと思って、あいさつ回りや名刺配りをしていった。

結果は最終選考も通り、グランプリに選んでいただいた。

このとき、「事務所の力だ」(事務所に入ってないのに)とか「出来レースだ」とか言ってきた人もあった。生活をかけて挑んだのに、文句を言いたがる人はどこにでもいる。

それはきっと、自分が何かを全力でやったことがないから、そんなことを言うのだろうと感じた。

このミスコンでは、2つのことを学んだ。

1つは、ダメだと思っていても、思いがけない結果につながることがあるのだから、自分の頭の中だけでジャッジせずに、「もしかしたらいけるかも」と前向きに考えることも大事だということ。

それから、否定してくる人は努力の過程を見ていないから、そんな声に心を動かされることはない、ということも学べたかなと思う。

頭の中だけでジャッジせず、
とにかく動いてみる

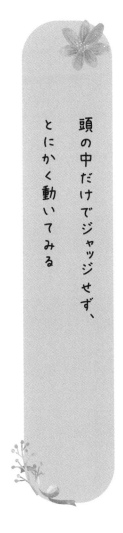

フリー素材のアイドル

次に転機となったのは、フリー素材の仕事だ。私のことを、ボーダーの服を着て、カバンを斜め掛けにしている写真がきっかけで知った、という方もあると思う。

フリー素材というのは、そのサイト内の写真を無料で使用できるサービスのことで、利用規約に反していない限り、私を含め、モデルの写真を自由に広告などに使用できる。

私は「ぱくたそ」というサイトのモデルをさせていただいている。けれど、実は、最初はとても悩んだ。

メリットもあるけれどデメリットも大きい。それでもこの仕事を受けることにした理由は、１つはサイト内の写真のクオリティーが高くて、種類も豊富で、これだけのものを提供できるサイトなら、と思ったからだった。

もう1つは、これまでは私を、グラビアとダーツというジャンルでしか知っていただくきっかけがなかったので、フリー素材であれば、使用されればされるだけ、拡散されて宣伝になるのではないか、と感じたからだ。

そして、「フリー素材業界初！　現役グラビアアイドルの写真素材」というキャッチフレーズでリリースされた。

私の写真を広告やアイキャッチ画像などに使っていただくことによって、インターネットで多くの人の目に触れることになった。無料なので、勝手にみんなが私の顔を広めてくれる。

結果としては、メリットのほうが大きく、実際に、フリー素材がきっかけでお仕事を頂いたり、認知されたり、応援してくださる方が増えたりと、大きな反響があって嬉しかった。素敵な写真を撮っていただいて、感謝している。

何か新しいことを始めるときは、メリット・デメリットを書き出してみると、いいかもしれない。

それから、その仕事をしている方を尊敬できるか、そのサービスにワクワクするか、などを基準にしたら、いい結果につながることが多い気がする。

新しいことを始めるときは、
メリット・デメリットを
書き出してみる

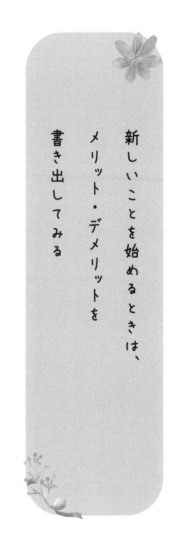

Columbia

社長の愛人

一時期、アイドルグループの他に、アーティスト活動もしていた。そのときは、アーティストの活動だけ事務所に所属する、という形になっていた。

それまで事務所に登録しかしたことがなく、所属するのが初めてだったので、どうなるか不安だった。けれど、他のメンバーもいるし、何となくうまくやっていた。

しかし、徐々に我慢ができなくなっていった。

もっとこんな活動をしたい、とマネージャーに伝えた事柄が、毎回毎回、部長までにしか行かず、なかなか社長の耳まで届かなかった。

会社という組織で動いたことがない私は、「こんなことってある?」と疑問に思い、メンバー全員で揃って、「社長に聞いてくれましたか?」とマネージャーを問いつめた。時間も気持ちも、全てをかけているのだから、それはそうだと思う。社長は忙しくて偉い人だからなかなか会えない、今度特別に会う時間を設ける、というような空気がとても苦手だったし、効率が悪いことが多すぎるな、とずっと思っていた。

そんなある日、やけに可愛い子がスケジュールの管理に来てくれた。私が、信頼していたスタッフさんに「可愛い方ですね！」と言うと、スタッフさんは少し表情を歪《ゆが》めた。よくよく聞くと、彼女は社長の愛人で、社員が働いている時期に1週間、2人で旅行に行っていたそうだ。

みんなが必死でいいものを作り上げよう、よりよいものを届けようとしているのに、社長は一人の社員の女の子に熱を上げているのか……。

それからは、会議でどんなに社長が偉そうなことを言っても、何も響かなくなってしまった。愛人自体は個人の自由だから、勝手にすればいいと思う（私は気持ち悪いとは思うけれど）。だけど、仕事を適当にこなすのであれば、愛人なんて作る資格はない。社長様様と祭り上げられているのをおかしく感じた。

何事も、理性が本能や欲を制御できなくなったとき、いろいろとまずい方向に進んでしまうと思っている。

恋愛は想像しやすいと思うけれど、本能的に恋人以外の異性に惹かれて浮気をしてしまう人もいる。強い理性をもって止められる人もいれば、意志が弱かったり浮気に慣れてしまったりして、自分の気持ちを制御できない人もいる。

浮気を全力で隠せるのならば、周りの誰にも影響を及ぼさないけれど、もしそれが下手くそすぎてバレてしまった場合、本当に愛していてずっと一緒にいたかった人を失うことになる。人生においてはすごい代償だ。利己的遺伝子の本を読むと、男性の生態について分かりやすく書いてあるので、そこは永遠のテーマとして置いておきたい。

話を戻すと、社長がその子を愛おしいと感じたことは事実で、止められなくて仕方がないことだったのかもしれない。けれど、それならば、徹底的に気持ちを抑える作業をするか、抑えることに失敗したならば、愛人であることを隠し通して墓場までもっていかないと格好が悪い。

きっちり働いてくれている社員のモチベーションも下がると思う。モチベーションが下がった社員は、今まで以上の結果を出そうとはしないだろう。実際、私のやる気も以前よりもなくなった。

メンバーみんなの気持ちも全体的に下がっていった気がする。

それぞれに、個人の仕事も犠牲にして、休みの日も潰して奮闘しているのに、意見や提案は上に行かず、状況は悪くなるばかり。これじゃあ時間がもったいないと、定期会議で「愛人を作らずにちゃんと働け」ということを発言したら、彼は固まっていた。

そして次の日、私は「ここにいても成長できないです」と言って、事務所を辞めてしまった。

自分の愛しているもの（会社や社員）を一番にできなくて、大切にできないのなら、そこからの成長や成功なんてなし得ない。未来がふわふわと見えてしまった。

「茜さん怖《コワ》！　めっちゃハッキリ言うじゃん！」と思うかもしれないけれど、仕事においては言うべきことはハッキリ言う、主張するって大事だなと私は思っている。

でも口調はやわらかく、ちゃんと思いやりと優しさを込めて、「私はこういう考えなのですけれど、どうですか？」というふうに。争いをしたいわけではないから、自分の意見がしっかり伝われば、それでいいかなと思う。

トップがダメだと感じたら、船長が舵を取れない船は沈んじゃうのと同じで、そこにいても少なくとも大きくは成長できないと思う。

自分が成長できるか
できないかで
仕事は選びたい

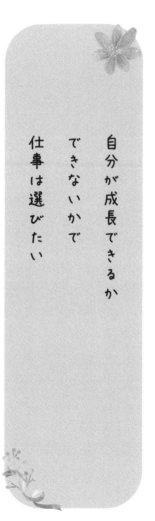

妹の自殺未遂

人生100年時代といわれている現代、自分が残り生きていられる日数を、年齢から計算してみた。

私の場合、あと3万日もない。マックスで生きたとしても、それだけしかない。

「1日1日を大切に！」なんてありふれたことは言わないけれど、自分はどんなふうになりたくて、本当は何がしたいのか、実際は何が幸せなのか、と自分自身と向き合う時間はとても大事だと思っている。

そして、その残りの3万日で、自分の大事な人たちに、何をしてあげられるだろうか。そう考えるようになったきっかけがある。

それは、今までで一番つらい出来事だった。

あるいつもと変わらない昼すぎ、バイトに出ていると、妹からの電話が鳴った。

何年も前の節分の日で、毎年、節分が来ると思い出してしまう。

妹が自殺未遂をしたのだ。

生きるのがしんどくなって、タバコと睡眠薬を大量にのんで「お姉ちゃんにだけ電話したよ」と伝えてきた。「恵方巻は吐き出しちゃった。ごめんね。習い事のロッククライミングは休むとお父さんに伝えて」と……。

少しだけ想像してみてほしい。大切な家族が家に帰ると倒れていて、その横に大量の薬やタバコが転がっていたら……。

何があった？　何がしんどかった？　何も、何もしなくてもいいから、生きていてくれたらよかったのに……。そんなことを、ぐるぐる考えてしまうと思う。

そのとき妹には、私の言いたかったことの全ては言えなかったけど、「家に帰ってお姉ちゃんが死んでたらどう思う？　悲しいでしょ？　みんなそうだよ」とだけ伝えた。

私はその出来事で、自分の死よりも、他人の死に直面するほうが自分にとってはつらすぎて、自分が死ぬかもしれないという苦しみよりも、家族や友達が亡くなるかもしれない、という恐怖のほうが勝るんだと強く感じた。数年前の愛犬の死のときも感じたけれど、こういう「生死」というものに触れるたびに、大人になったはずなのに、心がもろく、弱くなっていく気がしている。

その恐怖に触れた直後は、母が「スーパーに行く」と言って長い時間帰って来ないと不安になってしまったり、実家の地域で地震があったときに父と連絡がつかないと、心配になってしまったりしていた。

大切な人の存在がこの世から消えてしまったら、触れることもできなくなって、これからの未来の思い出も、もう作れなくなるんだ、という恐怖に怯えていた時期もあった。もうあんな悲しくて怖い思いはしたくはない。

もし今、あなたがしんどくて、死にたいと思っているのであれば、大切に育ててくれた親や、仲良くしてくれている人たちの顔を思い出して、逆に、その人たちが自ら命の灯を消してしまうことを想像してみてほしい。

とても居たたまれず、一生後悔して生きていかなければならないだろう。同じように、相手にもそんな思いをさせてしまうことになるのだ。私も人生でめちゃくちゃしんどかった時期、「もうこの世からいなくなりたいなぁ。そのほうが楽だなぁ」と思ったことがあった。

そんなときは、家族の顔を思い出して、「親に後悔を一生背負わせるのはむごすぎる」と思って、母に弱音のＬＩＮＥを入れる。私は母しか弱音を吐ける場所がない。「さやがそんなＬＩＮＥするのなんて○年ぶりよ」と何年も弱音を吐いてなかったことを覚えててくれて、独り泣いてしまったことがある。

こんなに自分を大切にしてくれていて、自分よりも自分を知っていてくれて、しんどいときに、「最近大丈夫?」と連絡を入れてくれる人がいるんだから、与えられた人生を全うしようと思うし、人として、少しでも成長したいなと思っている。

長く生きてもあと3万日。
その3万日で、
自分に何ができるだろう

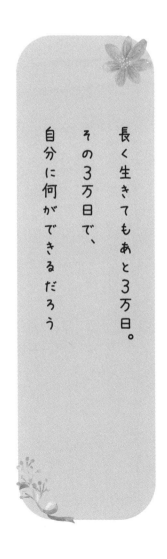

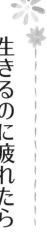

生きるのに疲れたら

自分のために生きるのに疲れたら、誰かのために生きてみたらいいと思う。

逆に、今誰かのために生きていて、それがしんどすぎるのであれば、わがままに自分のことだけを愛して生きてみる。

生きていれば周りも変わるし、自分の感覚も変わる。

来年には大好きな人ができているかもしれないし、再来年には日本に住んでいないかもしれない。そのまた翌年には子どもがいるかもしれないし、しんどい今の会社を辞めて世界一周をしているかもしれない。

ありきたりの言葉だけれど、人生は自由だ。やりたいことをやればいい。それに対しての努力なら、きっとみんなするると思う。何がしんどいのか？　何で消えたいのか？　1つ1つ書き出して問題解決していく。

その作業もできないくらいに落ちてしまっているのなら、私がしたように病院に行ってみてほしい。

マイナス思考はホルモンバランスや自律神経の乱れに影響されていることが多いから、明日の、来月の、来年の自分は、今の自分と思考も性格も違うかもしれない。一時の感情で、せっかく素敵な景色が広がっている世界を、自ら見えなくするのはもったいなさすぎる。

妹のことは今も変わらず大好きだし、愛しているし、今後何をされたとしても、それは変わらないと思っている。そう言い切れるのは、家族とその他の数人だと思っていて、そう思える人たちを今は大切にしたい。

会えるうちにたくさん会いたいなと思っている。妹を心配してくださる方もいるかもしれないけれど、もう2児の母としてしっかり生きているし、見ていると本当に幸せそう。もうこの子は大丈夫だな、と思える。

私は姪っ子によく「ありがとう」と言う。そこには「生まれてきてくれてありがとう」に加えて「妹を生かしてくれてありがとう」という気持ちが含まれている。大好きな妹を生かしてくれている存在。そんな姪っ子が大好きすぎて、会うたび新鮮に「愛おしい」という感情があふれ出す。

大切な人の大切な人だからなのか、血がつながっているからなのか。姪っ子や甥っ子がいる方は分かる感覚かもしれない。

生きていれば

周りも変わるし、

自分の感覚も変わっていく

だいたい何か食べてる(4)
いつも元気でやんちゃ(5)

フォーカス

もともと見栄は張らないほうなので、小さなアパートで、持ち物も安いブランドで、特価で買った野菜で自炊する生活が、全く苦じゃなかった。

上京したばかりの頃は、夢を叶えることに気持ちを全振りした。家族や友達のことで心が動かされることはあったけれど、そのこと以外は一切気にしなかった。だからこそ、ふだん起こる些細なことに対しても、すぐ仕事や夢につながるようにアンテナを張って、時間があれば名刺交換会へ行くなどして努力した。

芸能の仕事もしていたので、見た目はよくしておかないといけない。でもそれにたっぷり時間とお金をかける余裕もない。当時はやっていたミクシィで、無料のヘアモデルやネイルモデルを募集しているサロンを探してよく通っていた。服も安い物で平気だったし、旅行はなるべく仕事絡みや、お金がかからない所に絞っていた。
資金を貯めておくのも夢を叶えるための一つの近道だから、目標達成を目指して
しっかりと貯金！　そのときに貯めることができた資金が、次の仕事に役立つことも
あり、ここでもお金の大切さを知らされた。
今は土台ができたので、持ち物や食事に関しては、少しだけお金をかけられるよう
になったけれど、目標に向かっているときは、それ以外の欲を捨てることが大切だと
思う。
私の場合、本気でやりたいホンモノが見つかると、それ以外のものが見えなくなる。
興味がなくなるといってもいいかもしれない。逆に、そうならないときは、「あ、こ
れは本当にやりたいことではないな」と判断できるので、一度その感覚を覚えると、
これからの人生便利かもしれない。
「シンプル　イズ　ベスト」というけれど、本当にそうで、目標達成だけにマインド
をフォーカスしていけば、最短で素晴らしい結果にたどりつける。
絶対じゃないけれど、フォーカスしなかったときと比べたら、よりよいものができ

ているはずだと思う。

「譲れないもの」といえば、仕事以外でいうならば、東京に染まりすぎて心をなくしてしまわないこと。そして大切な人たちのことを、ちゃんとふだんから大切にすること。この2つくらいなので、ここだけ崩さず、譲らなければ、あとは本当にどうでもいいことだ。見栄を張ってみたところで、自己満足にはなるけれど、いい結果にはつながらないと思っている。

自分にとって一番大事なものだけは譲らない

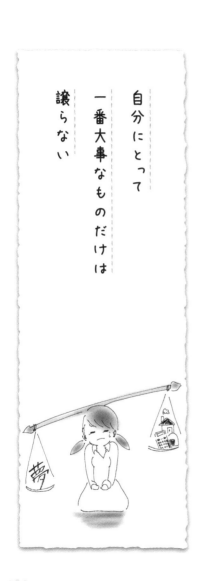

小さなプライド

何をするにもお金が必要になる。

生きること、遊ぶこと、学ぶこと……。お金をかけずにできることもあるけれど、ある程度はお金を使ったほうがスムーズに進むこともある。

お金を稼げるようになって、お金を貯められるようになれば、自分の生活にプラスして、誰かを守ったり、支えたりもできる。現に、私がしっかり稼ごうと思ったのは、家族に何かあったときに、自分が救わないといけない、と思った出来事がきっかけだし、お金があれば、誰かがつらい思いをしなくてもいいこともあると分かったからだった。

中学では、親に、公立に行くよりもお金をかけさせてしまったので、大学に進学しないと決めた日から（親からすれば本末転倒だけれど）、「絶対日本の同世代の平均年収を超す！」ということを一つの目標として生きてきた。

単純で幼い子どもみたいだけれど、一つの目標でもあり、楽しみでもあり、小さなプライドだったのかなと思う。

芸能で食べられない時代は、アルバイトや派遣で働いたり、イベントを主催したり企画を立てたりする仕事をして、ある程度生活できるくらいは稼いでいた。小学生の頃から貯金は得意だった。月々のお小遣いが１００円から多くても１０００円だったけれど、そのお小遣いもお年玉も、もらったらすぐに、ほぼほぼ母に預けていた。その代わり、１００点のテストを10枚集めたら１０００円とか、マラソン大会で10位に入ればいくら、などと決めて、その都度お金を「頂く」ことの大切さを感じさせてもらった。

お小遣い帳を持たされて、収支の管理の練習をさせられていたのも、当時は面倒で

不満ではあったけれど、今につながっていると感謝している。

稼いでいる人と、そうでない人の差は何だろうと考えたとき、それは、「どれだけ稼ぎたいと思っているか」だと私は感じている。みんなスタート地点は同じで、そこから、どうやって稼げるように勉強をするか、どうやって稼げる場所へ出向くかを考える。そのときの、稼ぎたい理由の強さが、差を生み出すと思う。

昔の私は、今のお給料なんて稼げないと思い込んでいた。でもやはり、全ては信じ、調べて、行動することで、将来の収入につながっていったと思う。

とはいっても大きなお金を生み出すには、たくさんの労力や時間を必要とする。メンタルもきつい。

今の時代、クラウドファンディングで出資者を募ったり、国の助成金を利用したりするなど、方法は幾通りもある。それらの方法は、時間のロスを防げるし、新しい時代のメリットだと思う。自らが描くビジネスのスタートを切るために、どんどん活用していってほしい。

ミス・iD

今まで受けたミスコンで、一番最近のものでは、「ミス・iD」というアイドルオーディションがある。可愛いとか、ダンスや歌ができるなどの判定ではなくて、その子の生き方や、ふつうなら「恥」「変」と思えるような個性を、「唯一無二のキャラクター」と評価してくれるミスコンとして知られている。

容姿にコンプレックスをもっていた私は、内面で人を評価するミスコンに興味があったし、そこでどんなドラマが繰り広げられているのか、とても好奇心をくすぐられた。審査員には吉田豪《よしだごう》さんや大森靖子さん、SKY-HIさんなど、各ジャンルで有名な方々が名を連ねている。でも、応募するのに、ほんの少し躊躇した。今まで私をアイドルとして見ていた人は、やはりきれいでない部分を見せてしまうと引いてしまうだろう。「理想のアイドル像ではない！」と離れていってしまう人もいるかもしれない。実際に、そんな光景を、ライブアイドル時代に何度も見てきた。内心では、一人の人として、生き方や考え方を発信したい、変なところもあって繕っていない自分を発信したいな、とずっと思っていた。

チャンスではあるけれどアンチが増えてしまうことにもなりかねない。だけど、自分の声が、もう少し広い範囲に届くようになる可能性もある。伝えたいことはたくさんある……。悩んだ末に、応募ボタンを押していた。どんどんとオーディションが進み、最終のメンバーまで残ることができた。

このときも、冷静になって作戦を練った。

絶対に残りたい。そのために、みんなに伝えたいことは何か？　そのとき、すでに「日本で初のフリー素材のグラビアアイドル」として認知されてきていたので、この「日本初」というのがキーになると思った。それに、フリー素材は勝手にみんなが広めていってくれる。

そんな希望や予想のもとでのチャレンジだった。「茜」という芸名をつけたのも、理由はいくつかあるけれど、その中の１つが、一番最初のページに載りやすいと思ったから。印象に残りやすいのでは？と考えて「あかね」という芸名にした。

イベントの発表や撮影にしても、一番になってしまうことが多いので、プレッシャーだし、緊張してしまうけれど、それで覚えてくださった方も多かったので、よかったと思っている。そうやって、いろいろな面で戦略を練るのが好きで、ミスiDでも、せっかく最終まで残れたことを無駄にしないために、コツコツと戦略を立てていった。自分の考え方や性格、ＳＮＳの発信方法、訴えたいことなどを客観的に見て、私は「吉田豪賞」に狙いを定めた。

それからは、豪さんが起きている深夜2時頃に、Ｔｗｉｔｔｅｒでツイートするように心がけた。その辺りの時間帯に爆弾を投下すると、豪さんは、どんな人のそれも必ず見つけてリツイートをされる。豪さんのＴｗｉｔｔｅｒではどの週刊誌よりも早いゴシップネタがゴロゴロと転がっていて、衝撃を受けることが多い。

私は、自分の体験からも、アイドルがかわいそうな思いをしているのをどうにかしたい、悪い事務所をなくしたい思いが強かったので、枕営業や芸能界の闇などの現状を変えたいという発言をたくさんしていった。豪さんのリツイートでフォロワーが増え、私の性格やエピソードを面白がって反応してくださる方々も増えていった。

最終面接の前にはアメリカのハリウッドへ独り飛んで、現地の様子もしっかりと見てきた。アメリカのハリウッドでも枕営業というものはあって、ある高級ホテルのプールには、ハリウッドにつながるプロデューサーや監督を狙って、モデルや女優が集まってくるという話を聞いた。

本場ハリウッドでもこんな状態で芸能界が成り立っているのであれば、日本の芸能界を、私のような立場の人間が変えられるものではないと、落ち込みながら帰国した。東京に出たかったのも、単純に日本の中で一番仕事も人も集まりやすい所だと思ったから。ハリウッドへ行ったのも、私の中で芸能界の頂点といえばハリウッドだったから。何でも一番の場所に行けばいいなんて思っているから発揮できる行動力ではあるけれど……。

私がこんなハリウッド話を最終面接で披露しているとき、豪さんだけが大笑いしていた。最終の結果発表では緊張しすぎて足が震えた。呼ばれた人だけファンの方たちが待つステージに出ていく。

「吉田豪賞は〜」の言葉のあとが、とても長く感じた。豪さんがいつもの表情を少し緩ませ、自分の名前を呼んでくださったときは、嬉しくて仕方がなかった。

「余計なことばかり言う人」という称号を頂いて（笑）、取りたかった賞を手にすることができた。ミスｉＤというミスコンは、容姿でなくて、別の魅力や性格を認めて評価してくれる。そんな場所はなかなかないから、たくさんの個性的な子を救っているんじゃないかな、と私は思っている。迷ってでも、本当に応募してよかったなと、心から思っている。

フリーの3条件

フリーでやっていくと決めるのであれば、まず必要なのは、強さだと思う。自分が潰れてしまったら、全ての仕事がストップしてしまうから、メンタルも、フィジカルも、強くならないといけない。

そしてかしこく。

利用されたりだまされたりしないように、疑って、ちゃんと調べて。「疑う力」はとても大切だと思う。人を疑う。物を疑う。世の中の仕組みを疑う。自分の思い込みを疑う。小学生まではいい子ちゃんだったから、何も疑わず、先生や親が正しいと思っていた。だけど選択や決定が全て自分でできる今は、いろいろなものを疑って、自分の頭で考えて、物事や試練を乗り越えていかないといけない。

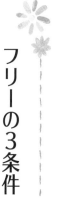

「疑うことはしたくない」と思うかもしれないけれど、仕事や取引ではそれをしないと、とても身を守れるような世界ではない。そのかわり、プライベートでは信頼できて、疑わなくてもいいくらいの関係性ができている人にいてもらったほうがいいし、そのほうが気持ちも落ち着く。安心感もある。家族や親友など、長年知っている仲であったり、この人は絶対に自分を傷つけないと思えたりする人が身近にいることが、成功につながっていくと思う。

ふだん仕事で人を疑って、心を擦り減らしている人は、プライベートでの補修を忘れてはいけない。

そして最後に、やわらかく。

強くてかしこくてもツンツンとしていたら相手も構えてしまうから、心は穏やかに、柔軟にいたほうがいい。今まで生きてきて、ビジネスのうえで大事だと感じたことはこの3つで、その中でも一番はメンタルの強さだと思う。

どんな仕事でも、自分の心がついていかないと前に進めなくなってしまう。

過去、中学時代に傷つき、それを乗り越えた経験があったおかげで、メンタルは鍛えられていると思っていた。だけど、芸能の世界に入ったらそれは本当にビギナークラスで、すぐにメンタルがやられてしまった。

つらい出来事は、山ほどあった。中でも一番つらかったのは、やはり容姿を批判されることだった。

実際のところ、見た目に自信があるからこの仕事をしている子は少ないと思っていて、それぞれにコンプレックスを抱えながらも、自分を表現したい、誰かを勇気づけたい、芸能のお仕事が好き、などの夢や目標に向かって頑張っている子が多い。なのにどこかアラを見つけだして、それをSNSなどでぶつけられる。

そんな光景を、たくさんたくさん見てきた。そこそこメンタルが強い、というくらいでは、すぐにたたきのめされてしまう。最近は、そこに、少しの余裕と自信を重ねることによって、「この人は寂しい人なんだ」「他に楽しいことがないから、人をけなすんだな」「自分に自信がないから人を攻撃して安心しているんだな」と思えるようにまで成長した。

もう今は、ちょっとした誹謗中傷では全く傷つかない。常に、自分の気持ちに余裕と自信をつけていく練習を繰り返していくことが、根本的なメンタル強化につながっていくのではないかと私は思っている。

強く
かしこく
やわらかく

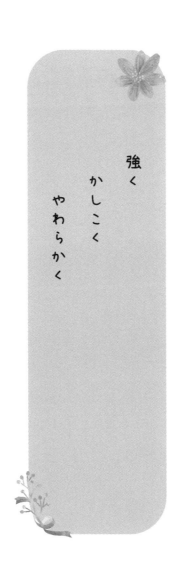

醜形恐怖症

私は軽い醜形恐怖症で、自分の見た目にすごく敏感だ。「今日は大丈夫かな？」といつも鏡を気にしてしまう。人に顔をのぞきこまれるのも苦手で、メイクが上手くいかないと、外に出たくないと思うし、「可愛いね」と言われても「完璧じゃないから可愛くないよ」と思ってしまう。

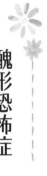

こういう思考は昔からあったと思う。

小学生の頃、色白だったために、寒いと唇も頬も真っ白になっていた。それが嫌で、教室に入る前に、ピンクや赤いほうが可愛く見えるからと、唇を噛んだり、頬をつねったりして、何とか血行をよくしようとしていた。自分の顔の形も好きではなかったので、絶対に触覚（顔周りの髪の毛）を残していた。自転車に乗ると、前からの風で触覚がなくなってしまうので、人にあいさつするときは嫌で嫌でたまらなかった。

今でも、真正面からの光でないと自分の顔が気持ち悪くて、「この角度の光だと顔に影ができるから、話しているときにブスだと思われないかな？」と気になって仕方がない。食べているところを見られるのは苦手だし、メイクが崩れているときに人からまじまじと顔を見られると、恐怖心が湧いてくる。痩せる方法や、メイクや美容を研究して、「昨日の自分よりも今日は可愛く」を目標に、高みを目指してはいけるけれど、これがもし行きすぎてしまうと、いくらメイクを変えても、いくら痩せても、きれいになっても、満足できなくなってしまうのではないか、という不安にかられることもある。

常に自分の見た目を気にしていた私は、中学生の頃、同級生からの一言で過食に走ってしまったことがあった。自分の体は醜いと思い込み、泣きながら炊飯器から直

接白いご飯を食べていた日を思い出す。

本当に人の些細な言葉って、誰かを壊してしまう。過食症や拒食症といった病気の大半は、誰かの心ない一言で発症してしまっていると思う。

私はまだ軽いほうで、前向きに捉えることができているけれど、何気なくあなたが言った言葉で、人が傷ついたり、悩んだり、苦しんだりしているかもしれないということ、それを心に留めておいてもらえたら嬉しい。


容姿以外のことでは、こんなことがあった。あるコンテストに参加して、あいさつ回りをしているときだった。自分から出向いて、ファンの方に実際に会って熱意を伝えたほうが、想いが伝わるかなと思って、他の仕事を全て断り、店舗や会場を回っていた。そのときにかけられた、今でも忘れられない言葉がある。

「いやー、受からないよ」

日々、勝てるか勝てないか、選ばれるか選ばれないかの極限状態で戦っている中で、その言葉はひどく、重く心の奥に突き刺さった。彼からすると、日常の何気ない言葉の一つだったとしても、私のメンタルをえぐるには十分だった。泣きそうになりながらも笑顔を作り、何とか「そうですかねぇ。頑張ります」とだけ答えた。

結果としては、皆様のおかげもあり、無事、グランプリを頂くことができた。

「どうだ！　見たか！」という感情はなかったけれど、適切に、相手を傷つけない言葉をチョイスできない時点で、人としてレベルが低いと思った。たとえストレートに「ブス」「可愛くない」と言われたとしても、そんなときは心の中で「あなた、誰ですか？」とひと呼吸おく。何を言われても「あなた誰？　評論家？　審査員？」状態に入れば、無敵だと思う。

容姿に関してでなくても、何か嫌な言葉を投げかけられたときは、そうしてみてほしい。そんな人のせいで落ち込んでいる時間なんて、1秒もないのだから。

SNSの場合は、そんな発言が数十倍に増えるので、病んでしまいそうになることもある。けれど、携帯の向こう側で否定してくる人には一生会わないし、意見が違うのだから、たとえ仲良くなろうとしても長くは続かない。

SNSで持論をぶつけてくる人に対しては、少しだけ「そういう意味ではないので論点がずれていますす」「悪口ばかり言って楽しいですか?」などと言ってミュートをしてしまうのが楽だと思う。

「完全に無視したほうがいいよ!」と言う方もいるけれど、サイコパスでない限り、やっぱりこちらも多少ダメージを受けてしまうと思うので、すっきりするまで言い返したり、丁寧に説明をしたりして、一方的に切ってしまうのが気持ちがいいと思う。こちらだけマイナス感情を残したままだと、ちょっと不公平だから(笑)。

そんなふうに心がけていても、心が病んでしまうことを私は知っている。

韓国アイドルのク・ハラさんが、ネットの誹謗中傷により亡くなったニュースを覚えている方も多いと思う。私はあの日から3日くらい落ち込んで、食事もあまり喉を通らなかった。ハラさんは、東日本大震災で日本が大変な時期に、あの若さで1億ウォン(約720万円)もの義援金を寄付してくれた。とても親日家で心が優しくて、本当に尊敬する大好きな人だった。心が汚い人の悪意によって、心がきれいな人の善意が殺されてしまって、それがもっと過激になると、人の命さえも奪ってしまう。そんな世界に生きているなんて、苦しいなと思った。何もかもがおかしいし、ハラさんを返してほしいと思った。

悪意ある書き込みが完全になくなることはないと思うけれど、そんな誹謗中傷は、暴力と何ら変わりない。

自分が何気なく吐いた言葉が刃となって誰かを刺す。「そんなつもりじゃなかった」では遅いことを、みんな心に留めてＳＮＳを利用してほしいと、心から思う。

詐欺師

世の中には悪い人がたくさんいる。私利私欲のために、人をだましたり、いい人のふりをするのがとてもうまかったり……。そんな人たちに傷つけられないためにも、かしこくならなければいけない。「勉強になった」ではすまされないことが起こりうるし、取り返しがつかないようなこともたくさん起きる。

私自身は、もともとの性格がとても臆病で、慎重なために、会ったばかりの人や、知り合って日が浅い人を信じられない。だまされた経験は今までにないけれど、ニコニコと「仲良くなりたいです」「味方です」「力になります」と言って近づいてくる人はいて、〝ちょっと引っかかるな……。第六感が危ないって言ってる！〟と思って調べてみたら、やっぱり話と違っていたことがあった。

知っている子がだまされたり、傷つけられたりしているのを見て、人間不信になりそうになった経験も何度かある。

今も強烈に印象に残っているエピソードがある。芸能の仕事をしているからこそターゲットにされた出来事だった。


あるとき、仕事用のメールアドレスに一通の仕事の依頼が届いた。大きな仕事ということで、まずは三軒茶屋のカフェで打ち合わせを依頼された。彼は電通の○○だと名乗ったが、この時点で名刺がない。怪しいと思った。

でも、ここでもし「名刺は？」と尋ねると名刺を出してくるのが詐欺師のパターンでもあるので、聞かなかった。名刺なんて簡単に偽造できるので、判断基準にはならないかもしれない。彼はこう話した。

私は大手有名事務所にあなたを入れてあげることができる。電通に勤めて長いので、私の判断だけでそれは可能なことだ。今回、茜さんに大きいＣＭの話が来ている。

これだけ聞くと、とても胡散臭《うさんくさ》いけれど、慎重で相手をよく見る私でも、ギリギリだまされてしまうかもしれないくらい巧妙で、小物も準備されていて、プロそのものだった。

帰宅して、怪しいと思った私はパソコンに向かった。調べていくと、ちょうど数年前に、同じ手法で逮捕された詐欺師の男だった。

手口としては、「大手事務所に権限で入れてあげられる」「そこは家賃補助が出るので早めに物件を決めないといけない」「頭金だけは半分払ってもらうけれど、その後は全て事務所持ち」と言ってくる。それでまずは、だました子から受け取った頭金の数万を自分の懐に入れる。

そして次のステップでは、「来月のこの日に京都でCM会社の代表の方（具体的な飲料水メーカーさんの名前を出す）と顔合わせがあるから、そこにぜひ来てほしい。来てもらえないと今回の話が難しくなる」と言ってくる。

そして当日、後日交通費は返ってくるから、と指定された新幹線のグリーン席で京都へ向かうと、現地で、「ホテルが手違いで取れなかった」と詐欺師の男と同部屋にされる。そして、「私と関係をもっておけば確実にCMが決まる」と脅し、関係をもたされる。当然、グリーン席のお金も返ってはこない。

ちょうど刑務所から出てきたタイミングで、同じ手口でだまそうと、私にメールしてきたんだ、と思うとゾッとした。お金をだまし取るだけでなく、夢を目指して上京した女の子たちのメンタルにも体にも傷を作り、消えないトラウマも負わせるような手口。許せなかった。

私はそのとき、「考えます」と言っていったん持ち帰り、すぐにネットで調べたから引っかかりはしなかったけれど、ちゃんと防御する策を持っていないととても怖い。

何事も「ちょっとおかしいな？」と感じたら、答えを急《せ》かされたとしても「少し考えます」と伝えて持ち帰り、ネットで調べたり、詳しい友達に聞いたりして、確かな情報を得るのが大切になってくるんじゃないかな、と思う。

そこまでしっかりとリサーチしても、だまされてしまう事例はある。徹底的に調べて、納得して、それから挑戦できたら、リスクは減るし、怖い思いや悔しい思いをしなくてすむと私は考える（慎重になりすぎても身動きが取れなくなるけど……）。

ここまで書くと、「常に気を張っていて、強くて、固い人」が完成されてしまう。だけどやっぱり、最後は仕事も人と人だと思う。考え方や対応がやわらかい人には癒やされるし、仕事が忙しかったり、疲れていたりしても、ピリピリせずにマイペースを保ち、相手に嫌悪感を与えない人は尊敬する。

私もそんな人になりたいし、そのくらい気持ちに余裕をもって、楽しく仕事ができるのが理想だと思っている。それは、相手のためでもあるけれど、結果的に自分のためでもある。

どんな仕事でも、周りも自分もストレスフリーになれるように気をつけていければ、よい関係性の中でいいものが生まれるだろう。

いろいろとある中でも、自分の周りにいてくれて、信頼関係が築けている方々には、ちゃんと感謝したい。そうすれば、またぜひお仕事がしたいと思ってもらえる人になれるのだと思う。

初めての仕事を受けるときは慎重に。
納得してから挑戦する

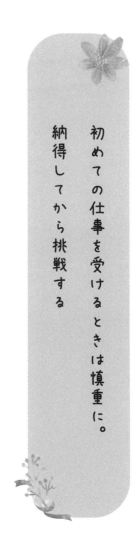

第3章

コンセプトバーを立ち上げる

パートナー

「一緒に仕事をしたい」「企画したい」と言ってくれる人はあるけれど、「そこに本当に〝想い〟や〝心〟があるか？」が大切だと思っている。お金のためとか、自らの名誉のために近づいてくる人とは、絶対にパートナーシップを組んだらいけない。ここを見極めるのがとてもとても難しい。

私は性格的に人は好きだけれど、大きな声で人を動かしたり、指示したりする人はとても苦手。理不尽なことがあると、「その人のもとでは働きたくないな」「我慢して働いているスタッフの方たちがかわいそうだな」「見ていたくないな……」と思って仕事に集中できないので、組織の中で働くのは向いていないと思う。

だからこそ、そこから逃げてきたのだけれど、自分の成長のために、人生で初めて、人と組んでみようと挑戦した出来事がある。

ずっと夢であった、芸能をやっている子が安心して働けて、居場所となれるお店をオープンさせようとしたとき、ある人とパートナーシップを組んだ。

私はまだ仕事もお金もなかった時代、女性限定のシェアハウスに住んでいたことがある。そのときのシェアハウスの代表で、私が必死に頑張っていた様子を多かれ少なかれ見ていた。そこには私以外にも芸能界を目指していた子がいて、みんなの話を親身になって聞いたり、食事に連れて行ったりしてくれていた。

だから、芸能の仕事を夢見ているけれど食べていけず、でも他でバイトもしにくい、という子たちの苦労やつらさ、大変さを理解してくれていると思っていた。この方とだったら、お店のオープンを上手く進めていけるだろうと信じていた。

私はフリーランスだから、ワンマンプレーでも全く問題がないけれど、やはり何かを達成するにはチームで動いたほうがいいと思った。物事を進めるスピードが速くなるし、私に足りていない部分を補助してもらえるだろうと期待していた。

私の強みを最大限に発揮するために、今よりも成長するために、そういう練習も必要だと思っていた。

しかし、お店の準備がスタートしてすぐ、相手のボロが出始めた。言い方は非常に悪いけれど、私の足りていない部分を補う力を、その方はもっていなかった。

私は不満を抱えながらも、睡眠時間を削り、実務をこなした。そこまではまだよかった。

やがて、従業員やキャストからの、彼に対する不信感が、クレームに変わっていった。私自身は彼からセクハラ的な言葉も受けた。反論すると、「社長なんだからつらいとかしんどいとかすぐ口にするな」と言われた。自分が殴っておいて、「痛いと言うな」「叫ぶな」と言われているみたいで、気に病んだし、「言っていることがおかしいと気づかないのかな?」と疑問に思った。

そうしてやり取りを続けていく中で、最大の問題点に気がついた。それは、相手には〝心がない〟ということだった。

言葉では「そうじゃないよ。君の想いに賛同したから始めたんだよ」と言ってはいたけれど、人の気持ちが本当に表れるのは、言葉より行動のほう。行動を見ていると、全てが全て自己保身だなと気づいた。
ただただ私を利用してお金を稼ぎたかっただけ。そうやって、自らの資金を守ることだけを考えている人を目の当たりにして、「何かを失っても成し遂げたい」というものがない人とは、何も成し遂げられないと思った。「いい人」を演じることはとても容易だから、人を見る目をもっともっと、さらに鍛えないと、と反省した。

何かを作り上げるために、共に時間を過ごしたり、企画会議をしたりしても、それだけではあらわにされない、奥底の欲や感情や汚い部分、甘えまで、全て知ることはできない。けれど、あなたがチームやパートナーシップを組んで、何かをスタートさせるときは、なるべく慎重に、慎重すぎるくらいに「根底の気持ちがマッチしているのか？」に特に注目してみてほしい。そうすれば、「信じていたのに」「共に作り上げていくという計画での構成立てだったのに」「結局最後はお金なのか‼」と私のように苦悩することが減ると思う。

人の奥底にある欲や感情を、
全て知ることはできない

謙虚さ

よく周りの人から「茜さんってすごいね」「普通できないよ」と言っていただくことがあるけれど、私は一度も自分のことをそんなふうに思ったことがない。常に不安や葛藤や物足りなさの中で生きている。だからこそ、次へ次へと進めるのだと思う。夢を追い続けるのであれば、自分自身を過信しないことが大事かもしれない。

本当はもう少し自分を褒めることができればいいけれど、これはある種の病気みたいなもので、「どこまでいっても、自分をすごいと認められることはないんだ」とふと思うときがある。

不安に思うから繰り返し確認をする。作り上げたものに満足がいかないから、さらにいいものを目指す。自分の見た目が気に食わないからジムでメンテナンスする。メイクの研究に力を入れる。ツイートする文章の響きや語呂が悪いから何度も下書きを書き直す。

有名な小説家や女優さん、また仕事ですごく成功をされている人でも、私が尊敬している方々は、意外と自信がない人が多い気がする。

「今でもプレゼンの前日は寝られなくて、おなかが痛くなるよ〜」

「舞台に上がるときは、今でも緊張して頭が真っ白になるよ〜」

「緊張しないと、いいものは残せないと思うよ！」

そんな言葉に学ばせていただいたし、アドバイスは勇気にもなった。10代から20代前半に努力してきたことが、今でも人生の糧になっている。

私が人にたくさん会おうとするのも、今の自分に満足していないから。誰かに学ばせていただきたいと思って、日々名刺を持って出かけていた。

偶然の産物ではあるけれど、振り返ってみると、何にしろ、どこかしらに出かけていくと、夢につながるような方に出会えて、本当に夢を実現できたこともあった。

今回、この本を書くことになったのも、元をたどれば起業家が集まるランチ会へ足を運んだことがきっかけだった。名刺交換したときに、偶然お話しした方からトークショーにキャスティングしていただき、そのトークショーを聞いてくださった出版社の方から本の出版のお話を頂いた。

こんなふうに、新しい挑戦につなげてくださる素敵な方々と出会えるので、疲れて休みたい期間以外は、外へ足を運ぶといいことがある！と私は信じている。

だから、「チャンスをつかみたい！」という人は、まずリサーチをしたあと、その結果に基づいて、とにかくフットワーク軽く行動してみるのがいいと思う。

「そんな時間ないよ」という人は、SNSをフル活用してみてほしい。今の時代は、どんな仕事でも、コミュニティーでも、ある程度SNSでつながることができる。

オンラインだけだと少し不安かもしれないけれど、使わない手はないと思う。（ただし、安全の確保やリスクヘッジはあらかじめしておいてね！）

例えばTwitterであれば、私は気になる起業家や、同世代でSNSをフル活用している人、芸能界でTwitterの伸びのスピードが著しい方をフォローしている。人として尊敬できる方、憧れている方のツイートも見ている。フォローバックしていただいたら、しっかりとあいさつをして、実際に仲良くなることができれば、その方が開催しているオフ会やランチ会に参加してみる。

私の場合、まだハードルが低いランチ会に参加することが多い。ＳＮＳ上の不確かな関係性から、現実でしっかりお話をしてリアルにしていく。そうすれば、インターネットがなければつながることができなかった方たちと、現実で、お仕事のパートナーやお友達としてつながることができる。

Ｉｎｓｔａｇｒａｍでも、ダイレクトメッセージで仕事の依頼が来ることもあるし、その他のＳＮＳでもお仕事依頼があるとは聞く。怪しいものを見極める力があれば、ＳＮＳは、やっていて損はないと思っている。

少し話はずれてしまったけれど、叶えたい夢があるのなら、「私にはできる！」という根拠のない自信と同じくらい、「まだまだだめだ」と自信過剰にならないことも大切だと思う。両方をバランスよくもっていれば、うまくいくことが多いのではないだろうか。

私の個人的な願望としては、一度でいいから「ナルシストか！」というくらいの自信をもってみたいとも思うけれど（笑）。

何にせよ今よりも高みを目指して、これからも、自分のベストの出し方を研究していきたい。

自信も大切だけど、
自信過剰にもならない

幸せの沸点

幸せには沸点があると思っている。その沸点によって、同じ出来事が起きても心が感じるものが変わってくる。

例えばケガをしてしまったとき、「最悪だ。こんな不幸なことが起こってしまった。悔しい」と思うか、「この程度のケガですんでよかった。自分は運がいいなぁ」と思うかで、メンタルも変わってくる。運がよければ幸せも増えると思うけれど、運がいいことも思い込みで、「自分は運がいいと思っている人ほど、自分に起こった出来事を『運がいい』と感じる」ということなのかもしれない。要は、全て自分の心の問題なんだろうな、ということ。

私の場合、ふと「幸せだな」と感じるときには、必ず大切な誰かがそばにいる。独りで温泉に入ったり、贅沢な景色を堪能したりしているときも「幸せだな」と、たまには感じるけれど、それと段違いに大きな幸せは、やはり、大切な誰かの隣で起こる。家族、友達、仕事のメンバーとおいしい食事やお酒を楽しんで、笑い合えている時間はとても幸せだ。

大切な誰かのためにした小さなことを、喜んでもらえることほど嬉しいことはない。「give and take」とはよくいうけれど、「take」だけだと人生楽しくないし、本当の意味の喜びを、気がつかないうちに忘れていってしまうんじゃないかなと思う。

ただ与えられてばかりの人生に満足していたら、物足りなくなって、充実感もなくなって、だんだん虚しくもなってくる。これは私も一瞬なりかけた感情だから、少し怖さも感じている。

「take」「take」ばかりだった時期、嬉しいけれど、これは自分の力ではないな、と我に返ったことがある。そう気がついてすぐに、軌道修正して本来のバランスに戻ったけれど、何事も「give」の裏には人がいて、人の裏には気持ちがあることを忘れてはいけない。

人は楽な道を選びやすい。もし周りに何でもやってもらって、与えてもらってばかりいたら、それに甘えてしまうだろう。「take」「take」だったその時期より、「give」を少し多くできている今のほうが、私は幸せだと思っている。

幸せは、やはり一周回ると、安心感であったり、人間として生まれた喜びだったりするんじゃないかな、と思うことがある。お金では買えない喜びに気づく心を、もち続けることが大事だと思う。

幸せの沸点が低ければ、見落としがちな幸せに、ちゃんと目を向けられる。例えば空の青がきれいだとか、星がきれいだとか、誰かが作ってくれたご飯がおいしかったとか。

でも、心が疲れてしまったり、気持ちが満たされていなかったりするときには、それが感じられなくなる。

ただ友達がいてくれること、ただみんなでプロジェクトを進められること。その「ただ」に感謝して生きられたらな、といつも思っている。

幸せの沸点を下げるには、身近なものに目を向けて感謝すること。そして、心と体の健康を保つことが大切だと思う。
小さい幸せから大きい幸せまで、全てを感じられたなら、こんなに幸せなことはないなと私は思っている。

「ただ」に感謝して
生きていきたい

炎上

今はよくも悪くもＳＮＳの時代だから、他人の意見や賛同、批判がダイレクトに耳や目に入ってきやすい。それによって、何をするにも、「他人にどう思われるか？」「どう評価されるか？」を気にしすぎてしまっているように見える。

私自身も、Ｔｗｉｔｔｅｒで発信すると、それに対して思いもよらない方向から、批判の意見が飛んでくることがある。

最近でいう「炎上」は、とある広告に、私のフリー素材の写真が使われたことに対する中傷から始まった。

批判のコメントは、女性を性的に見ている意見が多く、「こんな広告を使っている企業なんて使いたくない」というものもあった。それに対して私の意見を投稿したところ、フェミニストの人にもたたかれてしまい、大炎上をした。

こんな争い事をしたかったわけではないので、どう言えば私の思いが伝わるかを考えて、漫画を描いて投稿した（132ページに掲載）。だけど「そんな努力なんて知ったことじゃない！」みたいな勢いで、それにもまた、いろんな方向から心ないコメントが飛び交った。

私に共感してくれる方もあったので、批判ばかりでしんどかったわけではなかったけれど、説得しようとしても言葉の本質を酌み取ってもらえず、罵倒されることもあった。

極端なエピソードを書いてしまったけれど、どんなことでも、他人に意見された場合、相手は年齢も、住んでいる環境も、メンタルも、自分とは違うことを理解して、鵜呑みにしないようにしてほしいと思う。

例えば「その旅行は意味がない。やめたほうがいい。勉強しているほうがマシ」と言われたとする。その人の経済状況や、感性や、将来の目標などと照らし合わせたら、そうかもしれない。けれど、自分にとっては、旅行の体験は、意味のないことではないかもしれない。

まして、それがリアルの友達ではなくてSNS上だったらなおさら、赤の他人だし、口出しされる理由もない。

もちろん、本当に私のことを心配して、反対の意見を言ってくださる方もいる。そんなときは、自分の心の声にしっかり耳を傾けて、「これを叶えたいから、そのためにこれをしたいな」「これが見たいから、こんなことに挑戦したいな」と思えるのであれば、したほうがいいと思う。そのあとに、「でもあの人がこう言ったから」「あの人にこうアドバイスされたから」「これをやるとみんなにこう見られるから」という言葉が続くなら、それは、すでに自分の考えではなくなってしまっているので、冷静になって考え直したほうがいい。

他人の意見で自分の心の声を消してしまうのは、とてもナンセンスなこと。

「自分の舵を他人に握らせるな」ではないけれど、自分で風向きに合わせて船を進めていかないと、いつか航路に迷うし、迷ったときに他人のせいにしたくなるのが人間だから。そうならないように、何事も自分の頭で判断して、責任をもって、決めていくのが大事だと思う。

まだまだ私も、完璧には自分を信じてはいないけれど、そう意識しながら、日々、いろいろなことに取り組むようにしている。

自分の船は
自分で風向きを合わせて
舵をきる

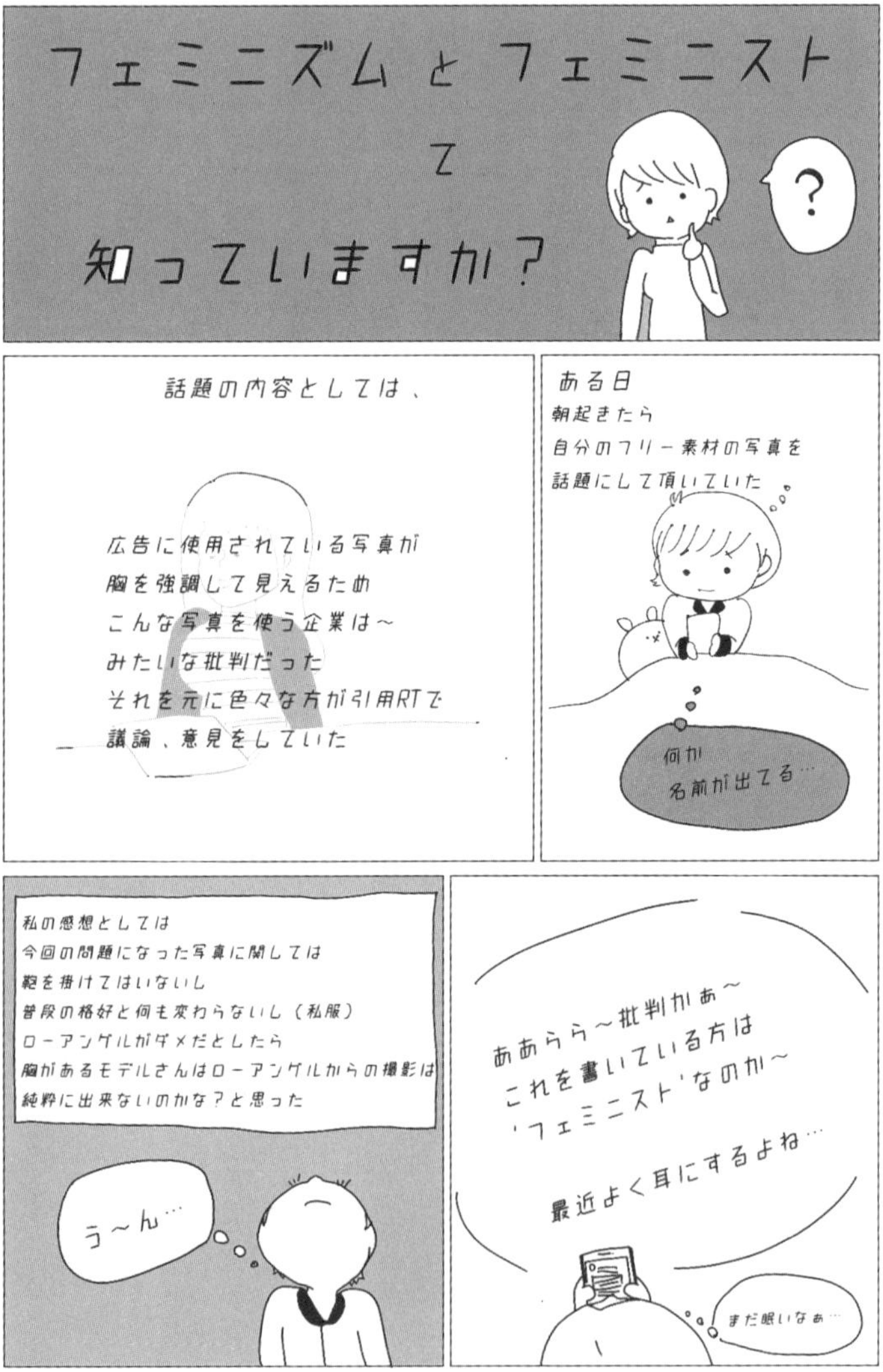

フェミニズムとフェミニスト
て
知っていますか？
？
ある日
朝起きたら
自分のフリー素材の写真を
話題にして頂いていた
何か
名前が出てる…
話題の内容としては、
広告に使用されている写真が
胸を強調して見えるため
こんな写真を使う企業は〜
みたいな批判だった
それを元に色々な方が引用RTで
議論、意見をしていた
ああらら〜批判かぁ〜
これを書いている方は
'フェミニスト'なのか〜
最近よく耳にするよね…
まだ眠いなぁ…
私の感想としては
今回の問題になった写真に関しては
艶を掛けてはいないし
普段の格好と何も変わらないし（私服）
ローアングルがダメだとしたら
胸があるモデルさんはローアングルからの撮影は
純粋に出来ないのかな？と思った
う〜ん…

そもそも フェミニズム とは？
フェミニズム（英：feminism）
女性解放思想、およびこの思想に基づく社会運動の総称であり
政治制度、文化慣習、社会動向などのもとに生じる性別による
格差を明るみにし、性差別に影響されず万人が平等な権利を
行使できる社会の実現を目的とする思想・運動である。
女権拡張主義、男女同権主義などと訳されることもある。
Wiki先生 引用
それならば
胸
だけがだめなのか？
考え方の中で
女性の'性'に関わるものがダメだから
胸が目立つと言われた写真が
アウトなのか…
うーん…
お尻が大きな人は？
くびれが目立つ人は？
脚が綺麗な人は？
男性の場合は？

＊「フェミニズム」『フリー百科事典 ウィキペディア日本語版』
2020年1月11日(土) 19:26 UTC, https://ja.wikipedia.org/

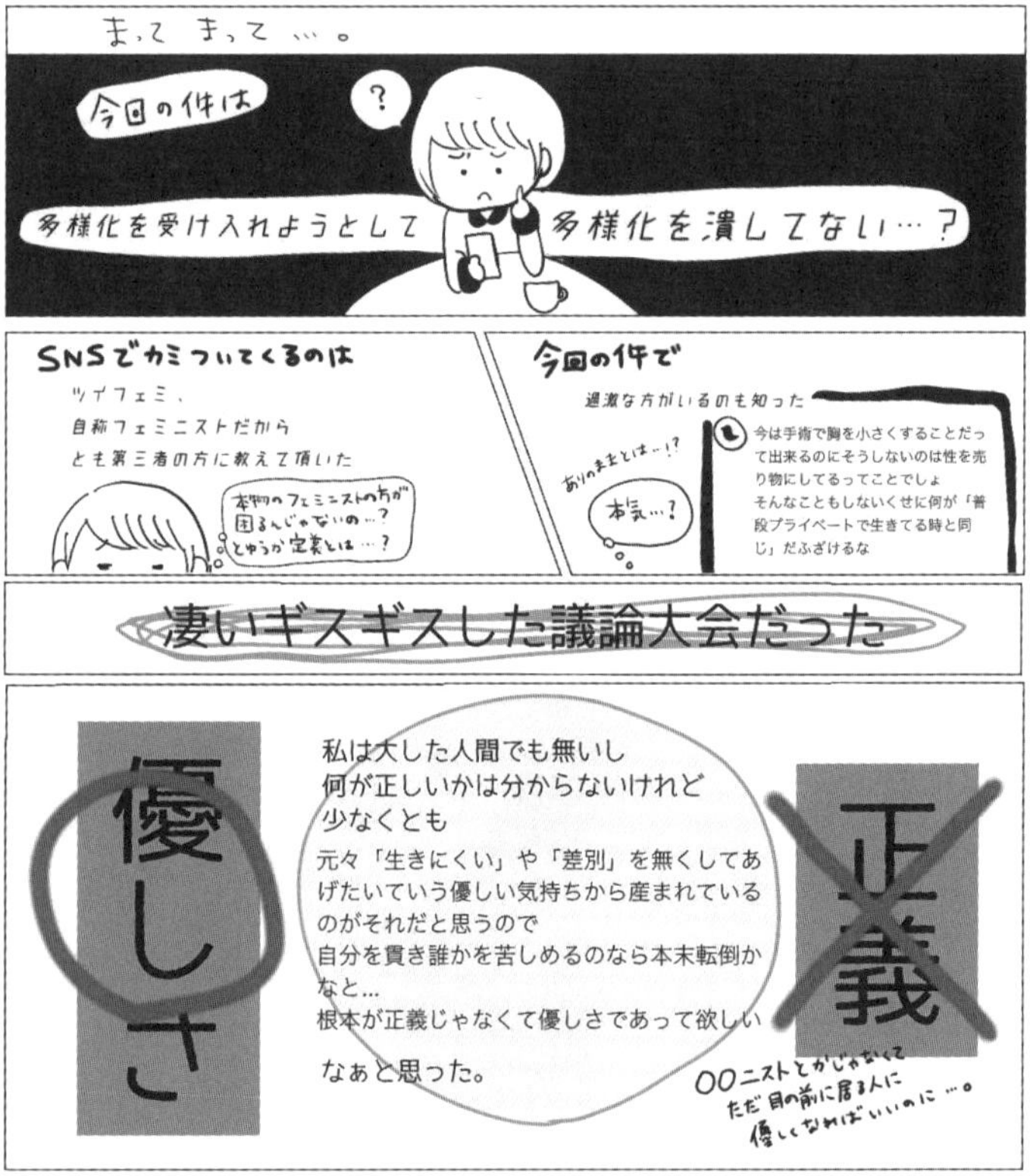

まって まって …。
今回の件は
?
多様化を受け入れようとして
多様化を潰してない…?
SNSでカミついてくるのは
ツイフェミ、
自称フェミニストだから
とも第三者の方に教えて頂いた
本物のフェミニストの方が
困るんじゃないの…?
とゆうか定義とは…?
今回の件で
過激な方がいるのも知った
今は手術で胸を小さくすることだって出来るのにそうしないのは性を売り物にしてるってことでしょ
そんなこともしないくせに何が「普段プライベートで生きてる時と同じ」だふざけるな
ありのままとは…!?
本気…?
凄いギスギスした議論大会だった
優しさ
私は大した人間でも無いし
何が正しいかは分からないけれど
少なくとも
元々「生きにくい」や「差別」を無くしてあげたいていう優しい気持ちから産まれているのがそれだと思うので
自分を貫き誰かを苦しめるのなら本末転倒かなと…
根本が正義じゃなくて優しさであって欲しいなぁと思った。
正義
○○ニストとかじゃなくて
ただ目の前に居る人に
優しくなればいいのに…。

海の向こう

私は旅行が好きで、一番といっていいくらい、旅行に時間とお金を使っていると思う。特に海外は、初めての国に年に5カ国行くことを目標に、ここ何年かはしっかりと目標を達成してきた。

海外旅行が苦手な人に、その魅力を伝えるのであれば、やっぱり今まで見たことのないような景色に出会えることだと私は思う。その国の人や、考え方も知ることができるし、思いがけない出来事に遭遇することもある。

人生で初めての海外旅行は台湾だった。

緊張はしたけれど、ワクワクのほうが勝っていた覚えがある。事前にインターネットや本でリサーチして、行きたい所、食べたい物を決めている時間が一番楽しい。日本では絶対触れられないものに、実際に触れに行く、あの感覚がとても好きで、だから旅行を続けているんだと思う。

食事一つとっても、味つけ、盛りつけ、店の雰囲気、店員さんの態度、しきたりなど、その国によって全然違う。好奇心がかき立てられるし、新たな発見が多い。

パリでは昼間から現地の人と乾杯をして、オーストラリアではビーチに寝転んで時間を忘れて現地のお酒を頂いた。

壮大な地形、山、海、空。日本で感じる幸せや感動を、世界はいとも簡単に超えてくる。それは、ふだん見慣れていない光景だからであって、そんな感覚は、実際に足を運んだ旅でしか味わえないな、と私は思う。

海外旅行をしていると、価値観もだんだんと変わってくる。「絶対にこう!」と思っていたことが、世界を見てみると全然違っていて、固定観念が覆《くつがえ》されることも多い。働き方も全然違う。「狭い世界で悩んでいたんだなぁ」とも思える。そういう経験が、生き方の選択肢の幅を広げてくれたかな、とも感じている。

アメリカではタトゥーだらけのきれいな顔をした女性が牡蠣《かき》を運んできてくれた。韓国では次に会うと「鼻を変えてみたの〜」なんて言ってくる女友達もいた。香港の女友達は、「私の彼女よ」と言って、可愛い女の子を紹介してくれた。

もちろん旅行は体は疲れるけれど、心は前向きに元気になって帰れるので、本当に心のパワーチャージになる。

仕事でも海外に行くことが多く、これまでたくさんの国に行かせていただいた。

香港には、大きなダーツの大会に、ゲストとして呼んでいただいたことがある。香港は、日本のアニメが好きな人も多く、ダーツケースに「ＯＮＥ ＰＩＥＣＥ（ワンピース）」や「ＮＡＲＵＴＯ（ナルト）」のキーホルダーをつけている人がいた。私もアニメは好きだけど、やはり日本のアニメ文化はすごい。「わ！　ルフィだ！」と盛り上がって、お互いに英語は片言だけれど仲良くなれた。中には私のキーホルダーをつけてくれている人もいて、海を越えて自分を応援してくれている方がいるなんて、夢みたいだと思った。

ＤＶＤの撮影では、タイのビーチに行った。そのとき、タイは初めてだったこともあり、アジア独特の雰囲気がとても心地よかった。撮られている側もテンションが上がる。グラビアは世界観や雰囲気が大事なので、グラビアでよく南国に行くのはそのためなんだなぁと感じた。

撮影のときも、個人の旅行のときも、海外に行くときは日焼けには気をつけている。ハワイなどの南国やラスベガスなどの砂漠地帯は、今まで経験したことがないくらいの日差しが降り注いでいた。強い日焼け止めとラッシュガードは持ち歩いたほうがいいかもしれない。

それと、どこの国も日本ほど安全ではないので、体の前で持てるカバンにして、あまり現金を入れないで出歩くようにしている。ひったくりや置き引きもある。平和ボケしてしまっている日本人は狙われやすい。だからそこは細心の注意を払って行動してもらいたいと思う。

旅行でも仕事でも、英語が心配という方がいるかもしれない。けれど私も片言の英語とジェスチャーでどうにかなっている。今はスマホに翻訳機能もあるので、困ってしまったときはそれに頼ればいい。

不安要素はたくさんあるかもしれないけれど、少し勇気を出して踏みだしてみたら、見える世界が変わってくると思う。

旅行は生き方の選択肢を広げてくれる

通りすがりのマダム
そのピアスかわいいわね!!
Thank you!
海外のこういうところスキ…

他人と比べない

とてもめんどくさがり屋な私は、「継続すること」はとても苦手ジャンル。続けているものといえば、筋トレと、野菜とタンパク質をしっかり摂ることくらい。

そうはいっても、美にはこだわりがあるので、仕事で撮っていただいた写真を見ては、自分の見た目やポージング、姿勢の気に入らなかったところを紙に書き出して、変えていけることは改善するようにしている。自分の理想のゴールへ届く日は来ないと思っているけれど、その中でもベストを目指したい。

人を一番美しくするのは、私はストレスフリーの生活だと思う。ストレスの限界が来たら旅行に行ってみたり、買い物をしてみたり、自分の好きなことをして、自分自身を労《いたわ》る時間を作ることが大切だと思う。

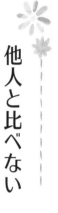

たとえ問題が発生しても、「これは起こるべくして起きたんだ」「マイナスなことばかりではない」と考え方を根本からポジティブにしてみたり、「悩んでいても仕方がないから次に進もう！」と前進できる力を身につけたりするのも、美につながっていくと思う。

それと、これは、まだまだ私もできてはいないけれど、他人と比べないことも。

あの子は可愛くていいな。明るくていいな。愛されてていいな。そんなことばかり考えていたら、上には上がいるのでキリがない。自分の欠点も認めて、他人と比較せず、笑顔で、心軽く生きられたらいいと思っている。

ストレスフリーが人を一番美しくする

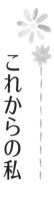

これからの私

今まで、自分なりに目標を設定して、夢を叶えてはきたけれど、「これからはどうなりたいんですか？」とよく聞かれることがある。

仕事に関しては、プレイヤー側として表に立つのは、30歳前後までだと思っている。それまでに、大好きなプレイヤーの仕事もしながら、同時に、パソコンやスマホででき る仕事を増やしていきたい。将来は、どこにいても仕事ができて、生活ができるライフスタイルになっていたら嬉しい。

どうして、場所を選ばない仕事に切り替えたいのかというと、旅行が趣味なのもあるけれど、そこまでメンタルが強いわけではないので、「表に出続けていたら、もしかして壊れてしまわないかな」という心配も数ミリ。それと、自分が鍵っ子だったので、もし将来、子どもを授かったならば、少しでも子どものそばにいてやりたいと思うからだ。

母が忙しい中でもしてくれたように、読み聞かせをしたり、一緒にクッキングをしたりする時間を大切にしたいなと思っている。

それにつなげてプライベートの話をすると、結婚願望は強いほうではないと思う。ただ、一緒にいて高め合えたり居場所になれたり、尊敬し合えたりする人がいて、そのときお互いがそれを望んでいれば、結婚という形も幸せなのかなと思う。


恋愛は、仕事より難しいと思う。理想どおりに進まないことが多いと思うし、個人的なことについて聞かれるのが一番言葉にしづらい（笑）。結婚は不確かなものすぎて、計画を立てづらいなぁと周りを見ても思ってしまう。

それでもやっぱり、子どもは将来、授かることができたら嬉しいなと思うので、人の親としてもきちんとした人間になれるよう、努力はしていきたい。

もし結婚をせずに生きていくとしても、やっぱりどこでも仕事ができるスタイルにはしていきたい。しがらみが多いと、何かを守りたいときや変えたいときに、うまく動けないことがある。だからなるべくしがらみを捨てて、ポジティブに生きていきたい。

今もパソコンを使った仕事の勉強はしているけれど、もっともっと学んで、楽しみながら知識を増やしていきたいと思っている。

新しいことを学ぶときには、ワクワクする心をずっともっていたいなと思う。ただ、昔よりは確実にワクワク感は薄れてしまっているので、何かと結びつけるなどして、工夫して維持していきたいと思っている。

日々、考えや思い、感じ方、環境も変わっていくのが人間だから、新たな夢がまた生まれるかもしれない。そういったときに、「こういう形で仕事をしているからシフトチェンジしやすいな!」と未来の自分に感謝されるように、少しずつでもいいから努力を重ねていけたらなと思う。

「なんとかなる!」「なんとかする!」のマインドに、ちゃんと計算したもので形を作っていけば、自分が描いていたものに近づいていることもある。「まずは行動!」

「やってみる！」を忘れないで、これからも何かを作り出していきたい。

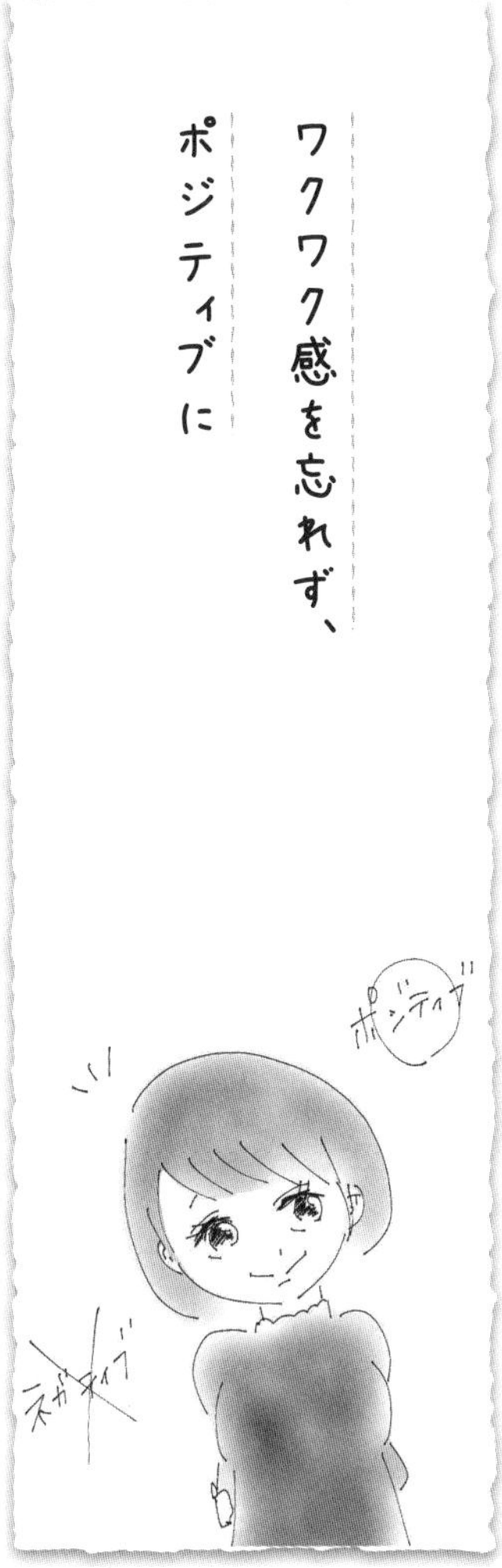

エピローグ

最後に一番最近の話をすると、都内に2店目のコンセプトバーをオープンさせた。

人生で、自分の夢はたくさん叶えることができたから、今度は誰かの夢のために生きたいな、と思いたってから、実現まではいろいろな苦労もあった。働いている子たちの夢や生活を抱えるプレッシャーもある。

オープンのときには、ちょうどコロナの流行に差しかかってしまった。

今は無事に動きだしているけれど、この世界は何が起こるか分からない。

世の中の動きを先読みして、分析して、これからもいろいろな新しい事業やプロジェクトに挑戦していきたいなと今は思えている。

茜さや

コンセプトバーを立ち上げようと思いたったのは3年前です。
上京したばかりの頃の私のように、芸能活動だけで
食べていけないとか、芸能の仕事が不規則で、
アルバイトのシフトに入りにくい、という子たちに、
安心して働ける場を提供したかった。
応援したかったんです。今は、働いているキャストは
芸能の子のみではなくなったので、
「頑張っている女性みんなを応援したい」
というコンセプトで経営しています。

私はキャストの子たちの意見を大事にしています。
キャストの子のプラスになるようにと、いつも考えています。
上京したばかりで、まだ知り合いの少ない子もいるので、
ここで友達を作ってもらいたいですね。
このお店が、一つの居場所になればいいなと思っています。
アイドル活動をしているキャストが、
お互いにファンになることもあるんですよ。
私のように、フリーで芸能活動している子もいるので、
スケジュールが合わないなどの理由で引き受けられない仕事を、
お互いに振ることもあります。

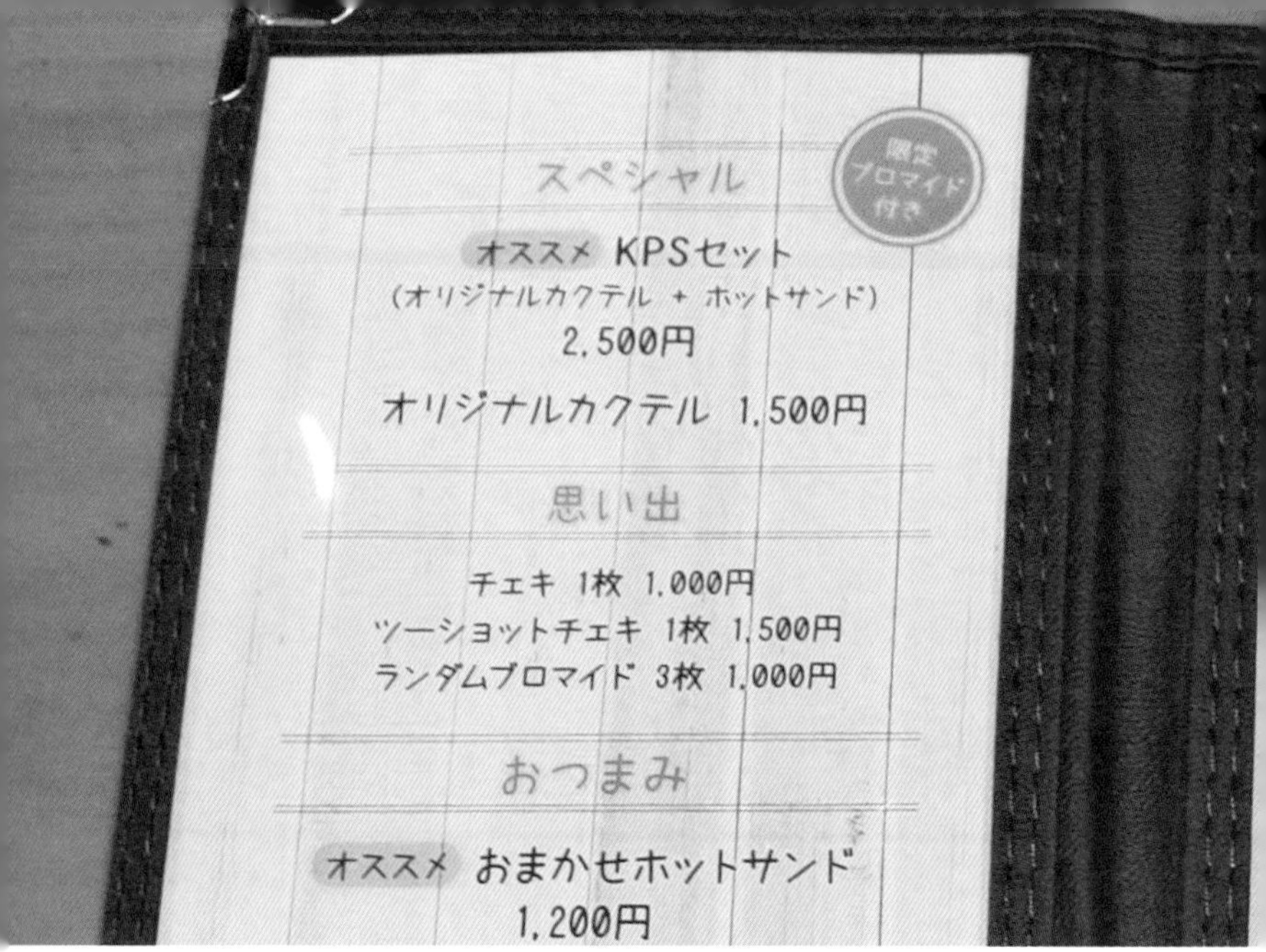
スペシャル
限定ブロマイド付き
オススメ KPSセット
(オリジナルカクテル + ホットサンド)
2,500円
オリジナルカクテル 1,500円
思い出
チェキ 1枚 1,000円
ツーショットチェキ 1枚 1,500円
ランダムブロマイド 3枚 1,000円
おつまみ
オススメ おまかせホットサンド
1,200円

キャストのファンになっていただいた
お客さんへのサービスとして、
メニューにチェキがあります。
お客さんとキャストがつながるだけでなく、
お客さん同士も仲良くなってもらいたいですね。
このお店が、気の合う友達作りの場に
なればいいなと思っています。

お店の副店長をおまかせしている
佐々木まゆさんとは、
もう7年のお付き合いです。
「さやさんは、とても信頼できるパートナー。
私の夢は、私の歌で、たくさんの人を
幸せにすることです」(まゆさん談)

DARTSLIVE2
START
CHANGE
P1
P2
P3
P4
DARTSLIVE2 ショートカットキー
01
CRICKET
PRACTICE
PARTY
MATCH
GLOBAL MATCH
CARD
OFFICIAL
メドレーオプション
アウトオプション
オートハンディキャップ
スローイングオーダールール
ブルレッグモード

ダーツを知ったのは東京へ出てすぐ。17歳のときです。
今も、ライブクイーンのお仕事で、
ダーツのイベントや大会に出ています。
お店にもダーツマシンを置いています。
ダーツの魅力は、3歳の子どもから年配の方まで楽しめるところです。
紙飛行機のように飛ばせばいいので、力がなくてもできます。
年齢で差が出ないのです。自分のマイダーツがなくても、
お店にハウスダーツがあるので、手ぶらで来ていただいても遊べます。
ダーツマシンは通信でつながっているので、
海外の人とも対戦できるんですよ。

ダーツは、４つのパーツからできています。
羽根の部分は「フライト」といいます。
これは、私のオリジナルフライトです（矢印）。
女性に人気の、こんなおしゃれな
フライトもあります（下右）。

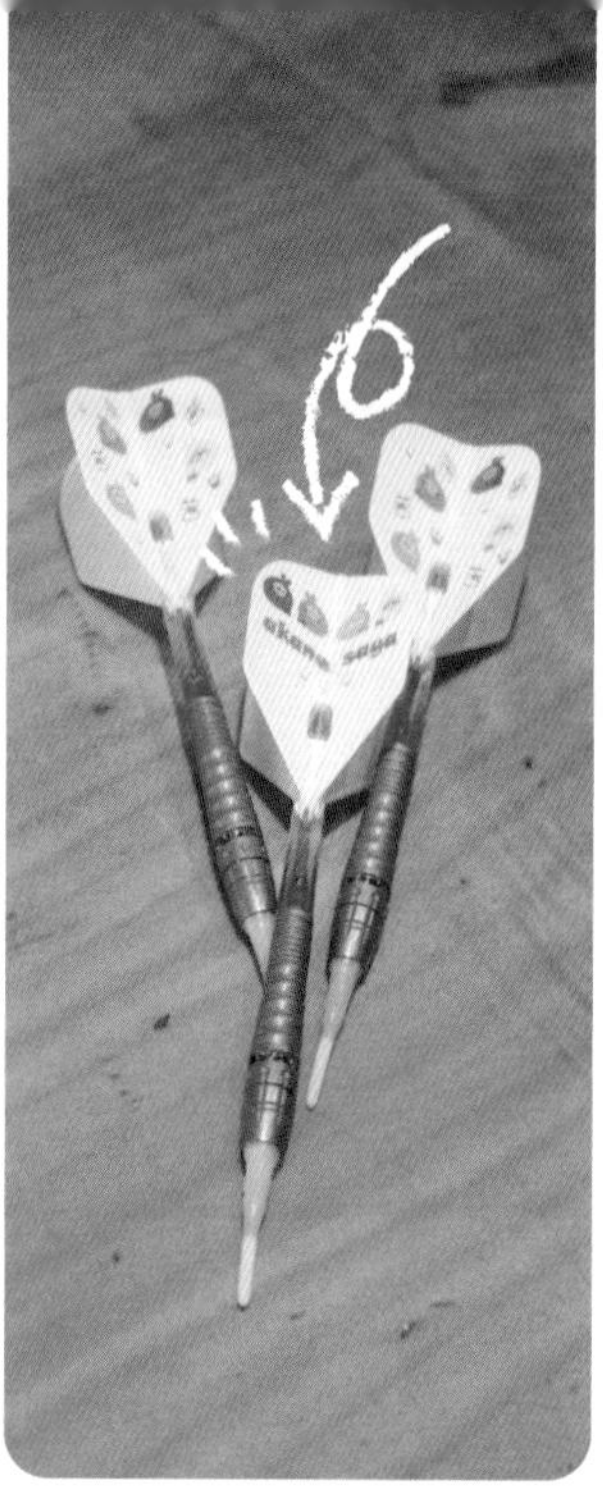

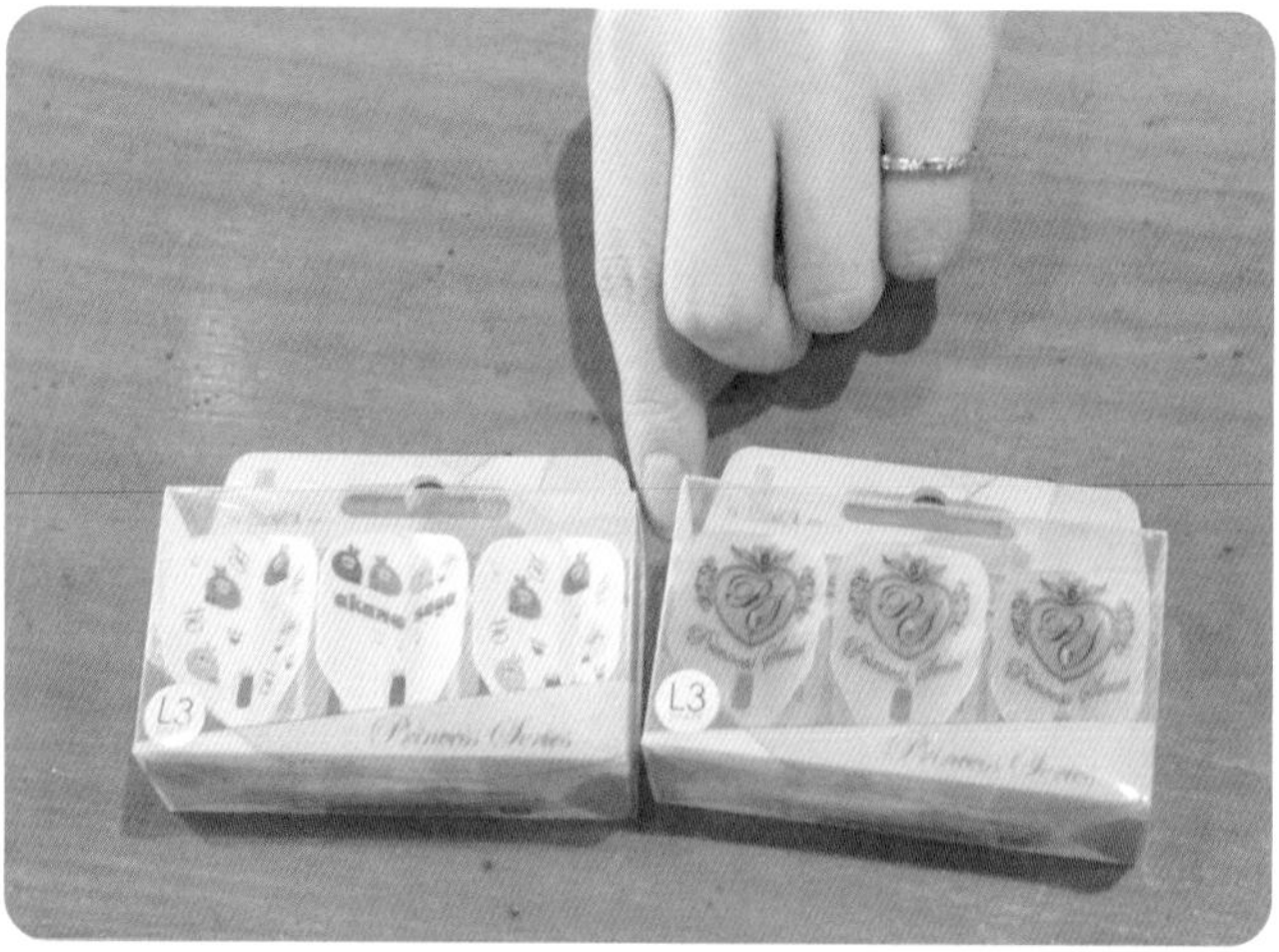

〈著者プロフィール〉

茜さや（あかねさや）

平成５年５月20日生まれ。広島県福山市出身。
フリーのグラビアタレント。実業家。
平成26年 ミスヤングチャンピオン ファイナリスト。
平成27年 第８代ライブクイーン グランプリ。
平成28年 現役グラビアアイドルで初のフリー素材モデルとしてデビュー。
平成29年 ミス iD2017 吉田豪賞。
令和１年 芸能界の子が安心して働けるお店を開きたいと思い立ち、都内でコンセプトバーをオープン。

好きな食べ物は生牡蠣。

イラスト：茜さや

写真：佐藤達哉（カバー）
ぱくたそ【www.pakutaso.com】（p.69 ～ 71）
宮地一憲（p.149 ～ 158）

DTP・デザイン：ユニバーサル・パブリシング株式会社

「フリー素材の女王」の告白
私はこうしてオーディションを勝ち抜いた

令和2年(2020)10月8日　第1刷発行

著　者　茜さや
発行所　株式会社　1万年堂出版
〒101-0052　東京都千代田区神田小川町2-4-20-5F
電話　03-3518-2126
FAX　03-3518-2127
https://www.10000nen.com/
製　作　1万年堂ライフ
印刷所　中央精版印刷株式会社

ISBN978-4-86626-062-4　C0030

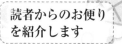

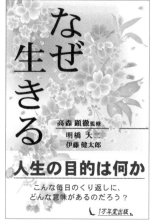